Friedrich Haarhaus

# *Unsere schönsten* WEIHNACHTS-LIEDER

Wie sie entstanden, was sie verkünden

SCM
Hänssler

**SCM**

Stiftung Christliche Medien

SCM Hänssler ist ein Imprint der SCM Verlagsgruppe, die zur Stiftung Christliche Medien gehört, einer gemeinnützigen Stiftung, die sich für die Förderung und Verbreitung christlicher Bücher, Zeitschriften, Filme und Musik einsetzt.

MIX
Papier aus verantwortungsvollen Quellen
FSC® C014496
FSC www.fsc.org


Max-Eyth-Straße 41 · 71088 Holzgerlingen
Internet: www.scm-haenssler.de; E-Mail: info@scm-haenssler.de



Umschlaggestaltung: Nakischa Scheibe Fotografie + Design
Titelbild: Icons: shutterstock – Cienpies Design; Icons: Designed by Freepik
Satz: typoscript GmbH, Walddorfhäslach
Druck und Bindung: GGP Media GmbH, Pößneck
Gedruckt in Deutschland
ISBN 978-3-7751-6046-9
Bestell-Nr. 396.046

# Inhalt

# Einleitung

Worte geraten leicht in Vergessenheit. Melodien bleiben in Erinnerung. Sie holen Worte nach Jahrzehnten noch zurück. Freuden in Kindheit und Jugend vergolden bald Vergangenes. Vieles lebt in uns weiter. Bilder und Träume tauchen wieder auf. Lieder zu Advent und Weihnacht beleben Altvertrautes. Wir freuen uns daran.

Wie sie entstanden, auch was sie uns zu sagen haben, das zu bedenken, weckt zu neuer Kraft. Was wir vielleicht nur ahnten oder schon vergaßen, wird uns erneut bewusst. Es geht nicht nur um Wissen und Geschichte. Lieder sagen etwas aus. Sie haben eine nicht nur zeitbedingte Botschaft. Sie zu verinnerlichen, öffnet neue Türen.

Selbst Lieder, die gering geachtet, man zur Volkskunst rechnet, überraschen oft, von wem sie zu uns kamen, was sie bezeugen und vermitteln: die Frohe Botschaft. Sie schenkte uns den Mut zum Wiederaufbau einst aus Trümmern. Sie bringt auch jetzt uns einen hoffnungsfrohen Ausblick. Christus verspricht uns: Ihr sollt leben.

*Pfarrer Friedrich Haarhaus*

# 1. ADVENT

## Macht hoch die Tür, die Tor macht weit, es kommt der Herr der Herrlichkeit

1. Macht hoch die Tür, die Tor macht weit;
es kommt der Herr der Herrlichkeit,
ein König aller Königreich,
ein Heiland aller Welt zugleich,
der Heil und Leben mit sich bringt;
derhalben jauchzt, mit Freuden singt:
Gelobet sei mein Gott,
mein Schöpfer reich von Rat.

2. Er ist gerecht, ein Helfer wert;
Sanftmütigkeit ist sein Gefährt,
sein Königskron ist Heiligkeit,
sein Zepter ist Barmherzigkeit;
all unsre Not zum End er bringt,
derhalben jauchzt, mit Freuden singt:
Gelobet sei mein Gott,
mein Heiland, groß von Tat.

3. O wohl dem Land, o wohl der Stadt,
so diesen König bei sich hat.
Wohl allen Herzen insgemein,
da dieser König ziehet ein.

Er ist die rechte Freudensonn,
bringt mit sich lauter Freud und Wonn.
Gelobet sei mein Gott,
mein Tröster früh und spat.

4. Macht hoch die Tür, die Tor macht weit,
eu'r Herz zum Tempel zubereit'.
Die Zweiglein der Gottseligkeit
steckt auf mit Andacht, Lust und Freud;
so kommt der König auch zu euch,
ja, Heil und Leben mit zugleich.
Gelobet sei mein Gott,
voll Rat, voll Tat, voll Gnad.

5. Komm, o mein Heiland Jesu Christ,
meins Herzens Tür dir offen ist.
Ach zieh mit deiner Gnade ein;
dein Freundlichkeit auch uns erschein.
Dein Heilger Geist uns führ und leit
den Weg zur ewgen Seligkeit.
Dem Namen dein, o Herr,
sei ewig Preis und Ehr.[1]

Hätten nicht die verschiedensten Heerführer immer wieder verlangt, die Stadttore zu öffnen oder Tribut zu zahlen, anderenfalls würden sie die Stadt stürmen und in Brand stecken, hätten die Menschen nicht so dringend gebeten, der »Herr der Herrlichkeit« soll kommen: ihm wollten sie die Türen und Tore, vor allem ihres Herzens öffnen.

Das war schon im fünften Kriegsjahr, 1623, als Pfarrer Georg Weißel aus Königsberg (Kaliningrad) den Liedtext schrieb. In Ostpreußen fanden zwar keine Schlachten statt. Aber man blieb nicht ganz ungeschoren vom Krieg. Es war ein Rückzugsgebiet für am Krieg teilnehmende Heere. Ihre Kriegslust, Ruhm- und Ehrsucht, vor allem ihre Beutegier waren unerträglich. Das Essen war knapp. Hinzu kam die Pest. Sie verlangte in vielen Gegenden noch mehr Opfer als der Krieg. Die Hexenprozesse machten die Menschen noch trostloser.

Lieber wollten die wehrlosen Bürger die Stadttore dem »Herrn der Herrlichkeit, dem König aller Königreich, dem Heiland aller Welt zugleich, der Heil und Leben mit sich bringt« (Strophe 1) öffnen als einem Schlachtenbummler, ganz gleich welcher Nation oder Konfession. Vielen Städten und Landstrichen brachten sie Verwüstung und Tod.

Im 24. Kriegsjahr (1642) erschien das Gebet von Pfarrer Weißel gedruckt. Auch andere Gemeinden sollten mit diesem Gebet die Wiederkunft des Heilandes herbeibeten: »Komm, o mein Heiland Jesu Christ, meins Herzens Tür dir offen ist« (Strophe 6)! Im selben Jahr vertonte der Kantor Johann Stobäus vom Dom in Königsberg den Text, aber wie in einem Trauermarsch zu einer Beerdigung! Als achtzig Jahre später die Wunden des Krieges verheilt waren, gaben Pietisten aus Halle dem Lied eine beschwingte, heitere Melodie. Die Wiederkunft des Herrn war für sie zum Freuen, nicht zum Trauern. Sie lebten ihren Glauben frei und fröhlich. Man hätte auf ihre Melodie einen Walzer tanzen können. Pietisten waren eine Minderheit. Aber sie hielten an dem Lied fest. In der Mitte des 19. Jahrhunderts wurde es zum beliebtesten Adventslied.

Warum gelang ihm dieser Siegeszug? – Ich vergleiche die Menschen dieser Zeit mit den Afro-Amerikanern und deren Spirituals. Unsere Vorfahren hatten zwar nicht auf riesigen Baumwollfeldern Frondienste zu leisten. Aber viele fühlten sich als Industriearbeiter unfrei. Sie wohnten in Mietskasernen, verdienten wenig und wurden kaum satt. Den Stand des Industriearbeiters entdeckte man erst bei der Einführung der allgemeinen Wehrpflicht: viele waren nicht wehrfähig. Die Demokratie verwirklichte sich erst langsam. Dieses und andere Lieder in der Vorweihnachtszeit, verbunden mit dem Evangelium, trösteten sie. Sie gaben ihnen Halt. Von Gott fühlten sie sich geliebt. Er ließ sie nicht im Stich.

Warum bleibt dieses Lied beliebt, wenn auch nicht als Volksliedgut? – An den Verhandlungstischen der Völker geht es um »Zeitabschnittsfrieden«. Jesus aber schenkt uns Frieden in alle Ewigkeit. Die ihn annehmen, ändert er, dass sie die Welt so verändern, wie Gott sie haben will. Paulus: »Durch den Glauben wohne Christus in euren Herzen« (Epheser 3,17). Gott kommt. Er hält, was er verspricht. »Meinen Frieden gebe ich euch. Nicht gebe ich euch, wie die Welt gibt. Euer Herz erschrecke nicht und fürchte sich nicht« (Johannes 14,27).

# O Heiland, reiß die Himmel auf, herab, herab vom Himmel lauf

1. O Heiland, reiß die Himmel auf,
herab, herab vom Himmel lauf,
reiß ab vom Himmel Tor und Tür,
reiß ab, wo Schloss und Riegel für.

2. O Gott, ein' Tau vom Himmel gieß,
im Tau herab, o Heiland, fließ.
Ihr Wolken, brecht und regnet aus
den König über Jakobs Haus.

3. O Erd, schlag aus, schlag aus, o Erd,
dass Berg und Tal grün alles werd.
O Erd, herfür dies Blümlein bring,
o Heiland, aus der Erden spring.

4. Wo bleibst du, Trost der ganzen Welt,
darauf sie all ihr Hoffnung stellt?
O komm, ach komm vom höchsten Saal,
komm, tröst uns hier im Jammertal.

5. O klare Sonn, du schöner Stern,
dich wollten wir anschauen gern;
o Sonn, geh auf, ohn deinen Schein
in Finsternis wir alle sein.

6. Hier leiden wir die größte Not,
vor Augen steht der ewig Tod.
Ach komm, führ uns mit starker Hand
vom Elend zu dem Vaterland.

7. Da wollen wir all danken dir,
unserm Erlöser, für und für;
da wollen wir all loben dich
zu aller Zeit und ewiglich.[2]

Nie war die Kirche mehr eine singende und betende als in Zeiten der Trübsal, Angst, Not und Gefahr. Die glaubensstärksten Lieder entstanden im Dreißigjährigen Krieg (1618–1648) und in den Jahren danach. Die Menschen wollten sich den Kummer vom Herzen und den Schutz Gottes herbeisingen. Gerade diese Zeit brachte geniale Liederdichter wie Paul Gerhardt und Friedrich Spee von Langenfeld hervor. In Frieden und Wohlstand hätten sie nur gekünstelt oder aus besonderen Anlässen Gott ihr Elend und Leid klagen und für Bewahrung bitten können. Ihre gefühlsstarken Lieder werden angesichts von Not und Elend im und nach dem schrecklichen Krieg verständlich.

Bleiben wir zunächst bei Friedrich Spee von Langenfeld! Ein Mann aus einem adeligen Geschlecht, beheimatet in Düsseldorf-Kaiserswerth, geboren 1591. Auch hier könnte man sagen: ein tief Gläubiger. Schon früh wollte er und wollten viele junge Begeisterte wie Franz Xavier (1506–1552) als Missionar nach Indien gehen, wollten sie ihr Leben in Armut und Schmerzen dem Gekreuzigten weihen. Wie er heute wäre, lässt sich nur rätseln.

Mich beeindruckt Spees Selbstlosigkeit. Er war in keiner Weise stolz auf sich, ruhm- und ehrsüchtig: Erst im 20. Jahrhundert entdeckte man von ihm anonym veröffentlichte Lieder. Sein Orden schickte ihn nicht als Missionar nach Indien, aber als Lehrer und Dozent nach Speyer, Worms, Mainz, Paderborn, Köln, Peine bei Hildesheim und Trier.

In Köln hatte er kurze Zeit Jura studiert. Ihn interessierte das Prozessrecht. Als er Jahre später in Köln lehrte, begleitete er zugleich seelsorgerlich als Hexen verdächtigte Frauen. Er stand ihnen bei bis zu ihrer Hinrichtung. Er studierte die Hexenliteratur und gewann Einblicke in Verhöre, Urteile und Hinrichtungen. Er kam zu dem Ergebnis: Würde man Menschen meines Ordens foltern, würden auch sie sich für schuldig erklären. Seine Beobachtungen und seine Kritik stellte er in einem 400-Seiten-Manuskript *Cautio Criminalis* zusammen.

Sein Manuskript wurde gegen sein Wissen und Willen veröffentlicht. Ihn hatte man als Autor identifiziert. Denn er hatte mit seinen Mitbrüdern wiederholt über Hexenprozesse diskutiert. Er erntete Empörung und geriet in Gefahr. Man schickte ihn nach Trier. Der Erzbischof von Trier hatte sich mit Frankreich gegen das anrückende kaiserliche Heer verbündet. Es kam zu schweren Straßenkämpfen. Katholische kämpften gegen Katholische in einem angeblichen Religionskrieg von Katholischen gegen Protestanten. Spee hätte die Stadt beizeiten verlassen können. Er blieb und versorgte die gefangenen Franzosen im Lazarett, auch als die Pest im Lazarett ausbrach. Er infizierte sich und starb 1635 mit 44 Jahren. Ein Fürbitter und opferbereiter Tatchrist.

Spee hatte beobachtet, dass die Sitten verrohten, Gewalttätigkeit und Unordnung zunahmen. Je mehr sich damit der

Ausblick auf die Zukunft verdunkelte, desto lauter rief er mit den Verzweifelten Gott herbei, er solle retten! Wie Jesaja für die in Babylon gefangenen Israeliten betete, Gott, der alles tut, solle Gerechtigkeit aus dem Himmel träufeln, die Wolken sollen sie regnen (Jesaja 45,7-8). So betete auch Spee, Gott soll einen Tau vom Himmel gießen, im Tau herab soll der Heiland fließen (Strophe 2). Wie Jesaja das Bild zur Erde wechselte, die sich auftun und Heil bringen soll, damit Gerechtigkeit mit aufwachse, so betete Spee, soll die Erde ausschlagen, dass alles grün werde (Strophe 3). Noch stärker erinnert Spees dritte Strophe an ein Bild Jesajas: aus der Wurzel Isais soll ein Reis wachsen und ein Zweig Frucht bringen. Auf der Frucht, die wächst, soll der Geist des Herrn ruhen, der Geist auch der Erkenntnis und der Furcht des Herrn (Jesaja 11,1).

## »Wachet auf«, ruft uns die Stimme der Wächter sehr hoch auf der Zinne

1. »Wachet auf«, ruft uns die Stimme
der Wächter sehr hoch auf der Zinne,
»wach auf, du Stadt Jerusalem!
Mitternacht heißt diese Stunde«;
sie rufen uns mit hellem Munde:
»Wo seid ihr klugen Jungfrauen?
Wohlauf, der Bräut'gam kommt,
steht auf, die Lampen nehmt!
Halleluja!
Macht euch bereit
zu der Hochzeit,
ihr müsset ihm entgegengehn!«

2. Zion hört die Wächter singen,
das Herz tut ihr vor Freude springen,
sie wachet und steht eilend auf.
Ihr Freund kommt vom Himmel prächtig,
von Gnaden stark, von Wahrheit mächtig,
ihr Licht wird hell, ihr Stern geht auf.
Nun komm, du werte Kron,
Herr Jesu, Gottes Sohn!
Hosianna!
Wir folgen all
zum Freudensaal
und halten mit das Abendmahl.

3. Gloria sei dir gesungen
mit Menschen- und mit Engelzungen,
mit Harfen und mit Zimbeln schön.
Von zwölf Perlen sind die Tore
an deiner Stadt; wir stehn im Chore
der Engel hoch um deinen Thron.
Kein Aug hat je gespürt,
kein Ohr hat mehr gehört
solche Freude.
Des jauchzen wir
und singen dir
das Halleluja für und für.[3]

Das kann man heute einfach nicht glauben: angehende Theologen, Pfarrer und Seelsorger lernten in ihrem Studium zu streiten, wie die Kriegshelden das Fechten mit Florett und Säbel. Philipp Nicolai war ein streitbarer Theologe. Er hatte sich mit seinen Streitschriften rühmlich hervorgetan. Deshalb wurde er von spanischen Truppen des Kaisers steckbrieflich gesucht. Doch seine Streitbarkeit verschwand. –

Seit 1347 entvölkerte die Pest alle zehn bis zwanzig Jahre ganze Landstriche. Das bekam auch Nicolai zu spüren: 1596 wurde er Pfarrer in Unna in Westfalen. Kaum hatte er dort seinen Dienst angetreten, starben seine beiden Schwestern, die ihm den Haushalt geführt hatten. Sein Kollege am Ort starb zu Beginn der Seuche. Nicolai hatte alleine die Sterbenden zu begleiten, bis zu zwanzig an einem Tag zu beerdigen, die Hinterbliebenen zu trösten und ihnen zu helfen, wo er konnte. Vom Sommer 1597 bis Anfang 1598 starben 1400 Menschen, im Juli 1597 starben 300, im August 170.

Kaum war die Seuche abgeklungen, besetzten 300 spanische Reiter Unna. Nicolai floh bei Nacht und Nebel. Auf einem Schlitten zog er seine Habseligkeiten. In der Grafschaft Waldeck, wo er vorher Pfarrer und zugleich Erzieher des Grafensohns war, fand er Aufnahme. Doch kaum war er angekommen, starb der Grafensohn. Nicolai trauerte um ihn wie um einen eigenen Sohn. Das war der Tiefpunkt.

Längst hatte er sich gewandelt. Gegen die Gefahr, sich anzustecken und unter der Seelsorge bei so vielen Sterbenden und Hinterbliebenen zu zerbrechen, war er vom streitenden zum betenden, in der Bibel und in Schriften des Augustinus und des Bernhard von Clairveaux meditierenden Theologen geworden. Unter dem Blickwinkel der Ewigkeit erstarkte er. Sein Glaube an die Ewigkeit wuchs zu einem festen Halt. Er schrieb das Trost- und Erbauungsbuch »Freudenspiegel auf das ewige Leben«.

Dem Buch hängte er seine glaubensstarken Wächter- und Morgensternlieder an. Sie bekamen die Ehrentitel König und Königin der Gesangbuchlieder. Ohne Poesie und Musik studiert zu haben, war ihm unter den harten Schicksalsschlägen, die er nacheinander zu ertragen hatte, Großartiges gelungen. Wer so Schweres und Vieles zu verkraften hatte, sehnt sich nach der Ankunft des wiederkommenden Herrn.

Inspiriert wurde Nicolai von den Braut- und Bräutigam-Symbolen bei Jesaja und dem Jesus-Gleichnis der zehn Jungfrauen: »Wie der Bräutigam sich freut über die Braut, so freut sich dein Gott über dich« (Jesaja 62,5). »Mitten in der Nacht aber hörte man plötzlich laute Rufe: Der Bräutigam kommt. Geht ihm entgegen« (Matthäus 25,6)! »Der Bräutigam wird auch euch auferwecken.« So bereitete Pfarrer Nicolai die Sterbenden auf das ewige Leben vor und tröstete die Trauernden. Jeder Strophe seiner beiden Lieder gab er, mittig geschrieben, die Form eines Abendmahlkelchs, seine Einladung.

Dass der Bräutigam zur Mitternacht kam, deutete er so: Die Nacht der Welt hat ihren Zenit überschritten. Wir gehen auf den Morgen der Auferstehung zu: »Die Nacht ist vorgerückt, der Tag aber nahe herbeigekommen. So lasst uns ablegen die Werke der Finsternis und anlegen die Waffen des Lichts« (Römer 13,12).

Je mehr Sterbende Nicolai bis an das Tor zur Ewigkeit geleitete und die Hinterbliebenen tröstete, umso mehr weitete sich sein Blick für das himmlische Jerusalem. Zumal er am Friedhof wohnte und das Leid der Trauernden ständig vor Augen hatte. – »Der Thron Gottes und des Lammes wird in der Stadt sein« (Offenbarung 22,3). »Die zwölf Tore waren zwölf Perlen, ein jedes Tor war aus einer einzigen Perle« (Offenbarung 21,21). »Gott wird abwischen alle Tränen von ihren Augen, und der Tod wird nicht mehr sein, noch Leid noch Geschrei noch Schmerz wird mehr sein; denn das Erste ist vergangen« (Offenbarung 21,4). »Selig sind, die zum Hochzeitsmahl des Lammes berufen sind« (Offenbarung 19,9).

# Die Nacht ist vorgedrungen, der Tag ist nicht mehr fern

1. Die Nacht ist vorgedrungen,
der Tag ist nicht mehr fern.
So sei nun Lob gesungen
dem hellen Morgenstern.
Auch wer zur Nacht geweinet,
der stimme froh mit ein.
Der Morgenstern bescheinet
auch deine Angst und Pein.

2. Dem alle Engel dienen,
wird nun ein Kind und Knecht.
Gott selber ist erschienen
zur Sühne für sein Recht.
Wer schuldig ist auf Erden,
verhüll nicht mehr sein Haupt.
Er soll errettet werden,
wenn er dem Kinde glaubt.

3. Die Nacht ist schon im Schwinden,
macht euch zum Stalle auf!
Ihr sollt das Heil dort finden,
das aller Zeiten Lauf
von Anfang an verkündet,
seit eure Schuld geschah.
Nun hat sich euch verbündet,
den Gott selbst ausersah.

4. Noch manche Nacht wird fallen
auf Menschenleid und -schuld.
Doch wandert nun mit allen
der Stern der Gotteshuld.
Beglänzt von seinem Lichte,
hält euch kein Dunkel mehr,
von Gottes Angesichte
kam euch die Rettung her.

5. Gott will im Dunkeln wohnen
und hat es doch erhellt.
Als wollte er belohnen,
so richtet er die Welt.
Der sich den Erdkreis baute,
der läßt den Sünder nicht.
Wer hier dem Sohn vertraute,
kommt dort aus dem Gericht.[4]

»Die Nacht ist schon im Schwinden, macht euch zum Stalle auf. Ihr sollt das Heil dort finden« (dritte Strophe). 1938 noch ließ sich Jochen Klepper vom »hellen Morgenstern« zu dem Heiland führen, obwohl immer dunklere Wolken sich zusammenzogen und ihn mit seiner jüdischen Frau und deren beiden Töchtern bedrohten. Die ältere Tochter entkam nach Schweden. Doch als die jüngere in ein Konzentrationslager transportiert werden sollte, flüchtete er mit Frau und Tochter vor der aufgeschlagenen Bibel nach Gebet in den Tod.

Er schätzte sich als unpolitisch ein, aber lebte in einem politischen Zeitalter. Sterben war für ihn ein Erwachen zum ewigen Leben, der Tod ein Durchgang in Gottes Reich. 1937 hatte er zwar mit seinen Büchern »Der Kahn der fröhlichen Leute«, mit dem Roman »Der Vater« über König Friedrich Wilhelm I. und mit dem Gedichtband »Kyrie« noch Erfolg. Doch sein Lied »Die Nacht ist vorgedrungen, der Tag ist nicht mehr fern« aus dem Jahr 1938 erwuchs aus einem Dennoch-Glauben. Als mit einer Jüdin Verheirateter fühlte er sich überall zurückgesetzt. Er wurde zwar Soldat, doch 1941 als wehrunwürdig aus dem Dienst entlassen!

Klepper hätte keine Schwierigkeiten gehabt, das Weihnachtsbild von Rogier van der Weyden »Anbetung der Könige« (1455) mit dem Kruzifix über dem Neugeborenen und seiner Mutter zu verstehen. Er sah in dem Weihnachtsfest keine Idylle. Auf vielen Bildern hat das Jesuskind in seinem Heiligenschein schon einen Kreuznimbus. Die drei Weisen oder die heiligen drei Könige aus dem Morgenland drückten schon in ihren Geschenken aus, was sie vor den Spitzeln des Herodes nicht offen aussprechen konnten: Gold gebührt dem König aller König, Weihrauch seiner Anbetung, aber mit Myrrhe, gemischt mit Aloe, wurden die Leichname einbalsamiert. Mit diesen Zeichen zeigten sie ihre Anerkennung und Verehrung, aber sagten auch: Wird Gott ein Mensch unter Menschen, dann geht das nicht gut. Das endet im Tod.

Setzt sich diese Ablehnung Jesu in der Offenbarung fort? – Die Siegel-, Posaunen- und Schalengerichte könnten als Heimsuchungen verstanden werden. Die Menschen müssten nicht nach den Schalengerichten vor dem Licht Gottes in die Dunkelheit, nach den Posaunengerichten in die Felsen und Klüfte (Offenbarung 6,15-17) fliehen. Auch nach den Posaunengerichten müssten sie sich nicht von Gott abwenden (Offenbarung 9,20-21). Nach den Schalengerichten zwingt sie niemand, Gott sogar noch zu lästern (Offenbarung 16,21). Sein Tor bleibt offen. –

In sein Tagebuch schrieb Klepper 1941 zwar, der Widersacher habe ihm jede Kraft geraubt. Aber in seinem Lied aus dem Jahr 1938 bezeugt er: Gottes vergebende und Leben erneuernde Liebe tilgt jede Schuld, mag sie noch so groß sein. –

Reinhold Schneider schrieb 1954 in seinem autobiografischen Buch »Der verhüllte Tag« und 1956 in dem Buch »Eine Begegnung«, von dem Verstoß gegen das Gebot »Du sollst nicht töten« könne man Klepper nicht freisprechen. Trotz des Freitodes mit seiner Familie aber warb Schneider um Verständnis.

# Es kommt ein Schiff, geladen bis an sein' höchsten Bord

1. Es kommt ein Schiff, geladen
bis an sein' höchsten Bord,
trägt Gottes Sohn voll Gnaden,
des Vaters ewigs Wort.

2. Das Schiff geht still im Triebe,
es trägt ein teure Last;
das Segel ist die Liebe,
der Heilig Geist der Mast.

3. Der Anker haft' auf Erden,
da ist das Schiff am Land.
Das Wort will Fleisch uns werden,
der Sohn ist uns gesandt.

4. Zu Bethlehem geboren
im Stall ein Kindelein,
gibt sich für uns verloren;
gelobet muss es sein.

5. Und wer dies Kind mit Freuden
umfangen, küssen will,
muss vorher mit ihm leiden
groß Pein und Marter viel,

6. danach mit ihm auch sterben
und geistlich auferstehn,
das ewig Leben erben,
wie an ihm ist geschehn.[5]

Das Lied »Es kommt ein Schiff, geladen« wurde das »Tauler-Lied« genannt. Bewiesen ist die Autorenschaft nicht. Betrachtet man jedoch Taulers Lebenslauf (1300–1361), möchte man dem zustimmen, er habe es geschrieben. Er war wie Meister Eckhart und Heinrich Seuse ein Mystiker. Aber er betrieb keine Nabelschau, sondern war ein handfester Seelsorger. Dominikanermönche waren unter anderem die Seelsorger und Beichtväter in Nonnenklöstern.

Vielen war im Mittelalter der Tod durch Krankheit, Krieg, Hunger, Pest allgegenwärtig. Da hörten und sangen sie gerne das Lied vom Schiff, das aus dem Heimathafen bei Gott Kurs auf die Erde nahm. Es hatte das allerkostbarste Gut, Gott, an Bord. In Bethlehem ging das Schiff vor Anker. Bethlehem wurde der Schnittpunkt zwischen dem »menschgewordenen Gott und den gottgeliebten Menschen« (Jürgen Henkys). Ursprünglich war das Lied ein Marienlied. Ein jeder ist aus der Ewigkeit in die Zeit gesandt, um sich seiner Herkunft würdig zu bewähren. Maria war das Schiff. Sie wurde die »Gottesgebärerin« (Ökumenisches Konzil von Ephesus, 431).

Als Tauler 1335 von seinem Studium in Köln in seine Heimat nach Straßburg im Elsass zurückkehrte, durften keine Glocken läuten und keine Messen gelesen werden. Nur Sterbenden durfte das Abendmahl gereicht werden. Vorübergehend gab es zwei Päpste. In dieser Auseinandersetzung war auch über Straßburg das so genannte Interdikt verhängt worden. Daraufhin ging Johannes Tauler mit Kollegen seines Ordens nach Basel. Von Basel aus betreute er die Gemeinden der sogenannten Stillen im Lande. Nach einigen Jahren wieder zurück in Straßburg stand er den an der Pest Sterbenden und deren Angehörigen seelsorgerlich bei. 16 000 starben.

Als Tauler zum Sterben kam, nahm er Zuflucht bei seiner Schwester. Sie war eine Nonne in dem Inselkloster St. Nikolaus bei Straßburg. Da könnte das Lied entstanden sein. Dort hatte Tauler täglich vor Augen, wie Schiffe, mal vom einen, mal vom gegenüberliegenden Ufer Menschen und Frachten zum Kloster brachten. »Es kommt ein Schiff, geladen.«

Dass das Bild von dem zu uns kommenden Schiff ein Sinnbild ist, zeigt die zweite Strophe: »Das Segel ist die Liebe, der Heilig Geist der Mast.« Auch der Evangelist Johannes spricht in einem Sinnbild: »Und das Wort ward Fleisch und wohnte unter uns, und wir sahen seine Herrlichkeit, eine Herrlichkeit als des eingeborenen Sohnes vom Vater, voller Gnade und Wahrheit« (Johannes 1,14). Die folgenden Strophen sprechen von einem geistlichen Sterben und Auferstehen. –

Pfarrer Daniel Sudermann war Erzieher am Internat für fürstliche und adlige Zöglinge in Straßburg. In dem Archiv seiner Schule fand er dieses Lied unter 2500 anderen. Er veröffentliche es 1526 mit ausgewählten Liedern des Archivs in einem Gesangbuch. Das Tauler-Lied überschrieb er: »Ein uralter Gesang, so unter des Herrn Taulers Schriften gefunden; etwas verständlicher gemacht.« Einer seiner Schüler, der spätere Kurfürst Georg Wilhelm von Brandenburg, bekam beim Abgang von der Schule das Lied mit anderen für das Berliner Staatsarchiv.

Als sich die Professoren, Assistenten und Studenten nach dem Ersten Weltkrieg von der vormals deutschen Universität Straßburg verabschieden mussten, predigte Friedrich Spitta im letzten akademischen Gottesdienst am ersten Advent 1918 über den Text des Liedes »Es kommt ein Schiff, geladen bis an sein' höchsten Bord«. Er kannte das Lied. Es muss ein bewegender Gottesdienst gewesen sein. Spitta, früher Pfarrer in Oberkassel bei Bonn, wurde Rektor der Universität Göttingen. Sein Freund Julius Wilhelm Smend, der Rektor der Universität Straßburg – einer meiner Vorgänger als Pfarrer in Seelscheid bei Bonn – wurde Rektor der Uni Münster.

# Tochter Zion, freue dich, jauchze laut, Jerusalem!

1. Tochter Zion, freue dich,
   jauchze laut, Jerusalem!
   Sieh, dein König kommt zu dir,
   ja er kommt, der Friedefürst.
   Tochter Zion, freue dich,
   jauchze laut, Jerusalem!

2. Hosianna, Davids Sohn,
   sei gesegnet deinem Volk!
   Gründe nun dein ewig Reich,
   Hosianna in der Höh!
   Hosianna, Davids Sohn,
   sei gesegnet deinem Volk!

3. Hosianna, Davids Sohn,
   sei gegrüßet, König mild!
   Ewig steht dein Friedensthron,
   du, des ewgen Vaters Kind.
   Hosianna, Davids Sohn,
   sei gegrüßet, König mild![6]

Bekannt ist die Kritik Friedrich Nietzsches: »Die Christen müssten mir erlöster aussehen. Bessere Lieder müssten sie mir singen, wenn ich an ihren Erlöser glauben sollte.« Ich will nicht Nietzsches wenig fröhliches Gesicht kritisieren. Aber war er so ernst schon bei seinen Eltern im Pfarrhaus, im kirchlichen Begabten-Internat Schulpforta bei Naumburg und als Theologie-Student in Bonn? Ich kann mir ihn nicht fröhlich und erlöst vorstellen. Ich würde ihm eher eine Abscheu vor fröhlichen Gesichtern als närrische Grielächer[7] zuschreiben.

Die Melodie für den Text des Liedes »Tochter Zion, freue dich, jauchze laut, Jerusalem!« schrieb Georg Friedrich Händel 1747 für sein Oratorium »Joschua«, ein Triumphmarsch, von einem Chor gesungen, für den siegreich aus der Schlacht heimkehrenden Caleb. Die Melodie benutzte er auch für einen anderen siegreichen Helden, für »Judas Makkabäus«, in dem gleichnamigen Oratorium. Bei dem zweiten Oratorium ging es um den Freiheitskampf gegen den Seleukidenherrscher Antiochus IV. (im 2. Jahrhundert v. Chr.; 2. Makkabäer 2–8).

80 Jahre später war Friedrich Heinrich Ranke in Erlangen bei einem Freund, Professor Karl von Raumer, in dessen geräumiges Haus zur Aufführung des Oratoriums »Judas Makkabäus« eingeladen. Konzerte konnte man nur in Schlössern und im 19. Jahrhundert in den Villen reicher Bildungsbürger hören. Die Melodie des Triumphchorus »Seht, er kommt mit Ruhm gekrönt« begeisterte Ranke. Aber so triumphal einem Schlachtenheld zuzujubeln, erschütterte ihn. Er dachte, dieser herrliche Triumph gebührt unserem Friedefürst Jesus Christus. Ranke legte die Worte aus Sacharja 9,9 der Melodie unter: »Du, Tochter Zion, freue dich sehr, und du, Tochter Jerusalem, jauchze! Siehe, dein König kommt zu dir, ein Gerechter und ein Helfer.« So entstand dieses festliche Adventslied. – Nietzsche hätte lernen können: so triumphal singen Erlöste.

Lenkt Gott das Sinnen und Trachten der Menschen und Völker, führt das zu keinem Krieg. »Denn er (Jesus Christus) ist unser Friede« (Epheser 2,14). – Im Advent und an Weihnachten feiern wir unseren Herrn: »Denn uns ist ein Kind geboren, ein Sohn ist uns gegeben, und die Herrschaft ruht auf seiner Schulter; und er heißt Wunder-Rat, Gott-Held, Ewig-Vater, Friede-Fürst; auf dass seine Herrschaft groß werde und des Friedens kein Ende auf dem Thron Davids und in seinem Königreich, auf dass er's stärke und stütze durch Recht und Gerechtigkeit von nun an bis in Ewigkeit. Solches wird tun der Eifer des Herrn Zebaoth« (Jesaja 9,5-6).

Mit diesen Worten ist das Reich Gottes, das messianische, gemeint. Es ist kein Machwerk von Menschen, sondern Gottes Geschenk.

## Maria durch ein Dornwald ging, der hat in sieben Jahrn kein Laub getragen

1. Maria durch ein Dornwald ging, Kyrie eleison!
   Maria durch ein Dornwald ging,
   der hat in sieben Jahrn kein Laub getragen.
   Jesus und Maria!

2. Was trug Maria unter ihrem Herzen? Kyrie eleison!
   Ein kleines Kindlein ohne Schmerzen,
   das trug Maria unter ihrem Herzen. Jesus und Maria!

3. Da haben die Dornen Rosen getragen, Kyrie eleison!
   Als das Kindlein durch den Wald getragen,
   da haben die Dornen Rosen getragen. Jesus und Maria![8]

Zu den Tempelfesten in Jerusalem gingen die Juden aus Galiläa den kürzeren Weg durch Samaria. Durch den Jordangraben über Jericho, dann hinauf nach Jerusalem, von da nach Bethlehem war ein Riesenumweg. Um vor den Samaritern sicher zu sein, auch wenn sie im Freien übernachteten, gingen sie in Pulks bis zu hundert Personen. Zu zweit auf offener Straße war zu gefährlich. Josef und Maria benutzten die Ziegenpfade in den Bergen Samarias. Sie führten durch Unterholz und Dornen. Eine Beschwernis, besonders für Maria!

Kannte sich der Dichter des Liedes »Maria durch ein Dornwald ging« im Land der Bibel aus? Er machte den Gang von Josef und Maria zu einer Legende. Die Dornen, die sieben Jahre keine Blätter getragen hatten, erblühten dem Kinde unter dem Herzen der jungen Mutter zu Rosen. Der Weg war ohne Hindernisse, Maria ohne Schmerzen.

»Dornwald« war mehrdeutig: Es war für Maria schon ein dorniger Weg, ein Kind zu erwarten, ohne verheiratet zu sein. Man hätte sie als Ehebrecherin verurteilen können. Darauf stand nach dem Gesetz Steinigung (3. Mose 20,10). Maria war zutiefst erschrocken, als sie hörte, Gott werde ihrem Kind den Namen geben. Nur der Vater durfte seinem Kind den Namen geben! Doch Josef war bereit, das Kind so zu nennen, wie der Engel ihm von Gott aufgetragen hatte (Matthäus 1,20-24). Er hielt als ein gottesfürchtiger, aufrechter Mann zu Maria.

Einzelheiten über die Volkszählung und Eintragung in die Steuerlisten berichtet die Bibel nicht. Es kam vor, dass unter dem Schutz der römischen Legionäre zu hoch besteuert wurde. In Verbindung mit der Zählung mussten dem Gott-Kaiser, dem Erhabenen (= Augustus), auch Weihrauchkörner gestreut werden. Wer sich weigerte, bekam Stockschläge oder wurde gefoltert. In einigen Regionen kam es zu Aufständen, die blutig niedergeschlagen wurden. Maria wird sich Sorgen um ihren Beschützer Josef gemacht haben.

Ihr wird auch das Aufsehen, das die Hirten auf ihrem Weg zurück zu den Schafen machten, nicht recht gewesen sein. Ein noch größeres Aufsehen hinterließen die Könige und Sterndeuter oder Weisen aus dem Morgenland mit ihrer Karawane. Mit Sicherheit hatte der eifersüchtige und misstrauische König Herodes Beobachter hinter diesem Besuch aus Persien hergeschickt. Mit Recht waren Maria und Josef mit dem Jesuskind nach Ägypten geflohen. Sie kehrten erst nach Herodes' Tod (4 v. Chr.) zurück (Matthäus 2,19-23; Lukas 2,39).

Der Erzengel Gabriel hatte Maria Gottes Segen und Schutz zugesagt, obwohl sie nicht fassen konnte, ihr Kind sei Gottes Sohn auf Erden. Sie erlebte immer wieder, dass der prophezeite Messias als ein politischer Machthaber missverstanden wurde, der von der Fremdherrschaft der Römer befreit. Das lag selbst dem Hohenpriester, den Pharisäern, Schriftgelehrten, genauso den Freiheitskämpfern näher als seine Aufgabe, zu Gott zu führen. Sehr wichtig war ihnen auch der Volksglaube, gelänge es ein einziges Mal, alle Sabbatgesetze zu halten, dann würde, ja, dann müsste der Messias erscheinen. Sicher war dieser Glaube mit ein Grund, warum die Sabbat-Gesetze streng eingehalten werden sollten. Umso größer war die Enttäuschung, dass Jesus nach seinem gefeierten Einzug in Jerusalem und seiner Tempelaustreibung keine weiteren Taten dieser Art folgen ließ.

Selbst für die Jesus Nahestehenden war schwer zu verstehen, warum sich Christus bei seinem ersten Kommen zu den Menschen auf Erden als leidender Gottesknecht (Jesaja 53) erbarmte. Dass er sich uns gleich machte, unser Menschsein auf sich nahm, bietet Grund zu feiern. Er kennt unser Leid. Er weiß um unser Versagen und erbarmt sich unser. Kaum zu fassen, dass er der Menschheit mit vergebender Liebe zuvorkommt.

# Es ist ein Ros entsprungen aus einer Wurzel zart

1. Es ist ein Ros entsprungen
aus einer Wurzel zart,
wie uns die Alten sungen,
aus Jesse kam die Art
und hat ein Blümlein bracht
mitten im kalten Winter
wohl zu der halben Nacht.

2. Das Blümlein, das ich meine,
davon Jesaja sagt,
hat uns gebracht alleine
Marie, die reine Magd;
aus Gottes ewgem Rat
hat sie ein Kind geboren,
welches uns selig macht.

3. Das Blümelein so kleine,
das duftet uns so süß;
mit seinem hellen Scheine
vertreibt's die Finsternis.
Wahr' Mensch und wahrer Gott,
hilft uns aus allem Leide,
rettet von Sünd und Tod.

4. O Jesu, bis zum Scheiden
aus diesem Jammertal
laß dein Hilf uns geleiten
hin in den Freudensaal,
in deines Vaters Reich,
da wir dich ewig loben;
o Gott, uns das verleih![9]

»Mitten im kalten Winter, wohl zu der halben Nacht« ist wohl schon mal Schnee in Jerusalem gefallen, ob auch in Bethlehem, ist ungewiss. Aber das scheint eine Laune des Klimawandels gewesen zu sein, kein Normalfall. Leichter zu verstehen wäre, dass der Dichter aus dem kühlen wolkenverhangenen Norden kam. Er wollte auch die Menschen seiner Breitengrade an dem Segen des Heilsgeschehens von Bethlehem teilhaben lassen.

»Ein Ros«, gemeint ist ein Reis, ein Schössling, ist aus einer zarten Wurzel hervorgewachsen. Mit der Wurzel ist Isai, lateinisch: Jesse, der Vater des Königs David (1. Samuel 20,27.30), gemeint. Auf zarte poetische Art deutet der Dichter mit dem »Reis« auf Maria. In der 1844 ergänzten dritten Strophe beschreibt Friedrich Layriz, aus dem Reis sei ein »Blümelein«, eine Umschreibung für Jesus, gewachsen. Es hatte ein so helles Licht, dass es alle Finsternis vertrieb. »Wahr Mensch und wahrer Gott«, die Umschreibung aus dem Nizänischen Glaubensbekenntnis für die Gott- und Menschnatur Jesu, enthält die dritte Strophe. Wer dann noch zweifeln sollte, ob Jesus gemeint ist, den vergewissert die letzte Zeile: »… rettet von Sünd und Tod«.

Wir gehen so selbstverständlich mit der Weihnachtsgeschichte und den Weihnachtsliedern um, dass wir das Wunder dieses Geschehens kaum ermessen können. König David regierte das Großreich Israel um 1000 v. Chr. Die Assyrer eroberten 722 v. Chr. das Reich der nördlichen Stämme Israels und verschleppten sie. Von ihnen ging jede Spur verloren. Jesaja erlebte die Eroberung des Nordreiches vom Südreich des Stammes Juda aus. Das Südreich wurde 587 v. Chr. von den Babyloniern erobert, die Bevölkerung in die 70-jährige Gefangenschaft nach Babylon geführt. Doch Jesaja weissagte: Wie bei einer Eiche und Linde beim Fällen ein Stumpf bleibt, aus dem ein Schössling wachsen kann, so wird der abgehauene Stumpf zu einem heiligen Samen (nach Jesaja 6,13). Das ist eine Messias-Weissagung auf Jesus, den Sohn Marias.

Den Spross aus der uralten Wurzel »aus dem Hause und Geschlechte Davids« (Lukas 2,4) hätte niemand bei Maria und dem Zimmermann Josef vermutet, noch nicht einmal ein rechtschaffener Mann wie Nathanel. »Was kann von Nazareth Gutes kommen!« (Johannes 1,46), fragte er, als er unter einem Baum saß und von Philippus angesprochen wurde (Johannes 1,45): »Wir haben den gefunden, von welchem Moses im Gesetz und die Propheten geschrieben haben.« –

Bei diesem Lied wurde die Geburt 1587/88 in den Norden verlegt, auch bei der folgenden Legende:

Ein Mönch Bernhardus vom Benediktinerkloster Corvey an der Weser stapft in der Mitte der heiligen Christnacht durch den tiefen Schnee zur Klosterkapelle. Er zieht die Türe hinter sich zu, damit nicht zu viel Kälte hereinzieht. Doch dann bleibt er erstaunt stehen. An der Mauer hinter dem Altar entdeckt er eine zarte, kleine Blüte. Er erinnert sich, ein Bruder hatte sie aus dem hohen Norden mitgebracht. Er hatte die zarte Pflanze in eine Ritze der Mauer eingepflanzt. Aber jetzt, mitten im kalten Winter, zur halben Nacht blüht sie auf?

Er sinnt nach. Da kommt ihm die Weissagung in Erinnerung: »Und es wird ein Reis hervorgehen aus dem Stamm Isais und ein Zweig aus seiner Wurzel Frucht bringen. Auf ihm wird ruhen der Geist des Herrn, der Geist der Weisheit und des Verstandes, der Geist des Rates und der Stärke, der Geist der Erkenntnis und der Furcht des Herrn« (Jesaja 11,1-2). Während er darüber meditierte, flogen ihm Gedanken und Worte zu. Sie formten sich wie von selbst zu Reimen. Er wiederholte sie, und siehe, eine Strophe nach der anderen entstand.

Diese Legende hat natürlich keinen historischen, aber einen symbolischen Wert. Das Dunkel der Welt wird durch den Strahl des ewigen Lichts aus Gottes Nähe erhellt. Die Kälte der Lieblosigkeit und Feindseligkeit, die sich immer wieder ausbreitet, wird von der Liebe Gottes vertrieben. Einmal wird Gottes Licht ganz bei uns sein.

## Seht, die gute Zeit ist nah, Gott kommt auf die Erde

Seht, die gute Zeit ist nah,
Gott kommt auf die Erde,
kommt und ist für alle da,
|: kommt, dass Friede werde. :|

Hirt und König, Groß und Klein,
Kranke und Gesunde,
Arme, Reiche lädt er ein,
|: freut Euch auf die Stunde.:|[10]

Warum manche so früh Abschied nehmen von der Erde und ihren Mitmenschen, möchte ich nicht fragen. Gerade der Dichter und Komponist des schwungvollen Adventsliedes »Seht, die gute Zeit ist nah, Gott kommt auf die Erde«, Pfarrer Friedrich Walz (1932–1984), hätte noch manches Gute schreiben können. Er hat zum Beispiel auch »Komm, sag es allen weiter« und »Wir teilen das Brot am Tisch des Herrn« geschrieben. Er war erst Gemeinde-, dann Studentenpfarrer, dann kirchlicher Beauftragter für Hörfunk und Fernsehen in München. Eine passende Stelle für ihn.

Das Lied »Seht die gute Zeit ist nah« kam 1974 »auf die Welt«. Es kann auch als zweistimmiger Kanon gesungen werden. Walz fügte noch ein begleitendes »Halleluja« hinzu. Das Lied steht im »Evangelischen Gesangbuch« (EG). Es fügt »Hirt und König, Groß und Klein, Kranke und Gesunde, Arme, Reiche« zueinander. Ist Gott bei Menschen eingekehrt, vertragen sich Zerstrittene, vereinen sich Nationen zu gegenseitigen Hilfen, verstehen sich Mieter und Vermieter, Arbeitnehmer und Arbeitgeber, Männer und Frauen, Alte und Junge, Lehrer und Schüler, werktätig Schaffende und Tantiemen und Dividenden Kassierende und so weiter.

In der orthodoxen Kirche – gleich, ob bei Russen oder Griechen – lernte ich, wir sollten danach streben, das zu vereinen, was sich im Laufe der Zeit gespalten hat und verschieden existiert: angefangen bei Männlichem und Weiblichem, Alt und Jung, Mensch und Tier, Befehlsgebenden und Befehlsempfangenden … Unsichtbarem und Sichtbarem, Ewigem und Zeitlichem, Himmlischem und Irdischem, Erschaffenem und Unerschaffenem. Die Schöpfung soll nicht weiter auseinanderbrechen. Sinnbildlich gesagt, die beiden Klingen einer Schere sollen nicht noch weiter auseinandergehen.

Auf welche Stunde Menschen sich von Herzen freuen sollen, weil Gott kommen und einen neuen Himmel und eine neue Erde schaffen wird, in denen Gerechtigkeit wohnt (2. Petrus 3,13), weiß keiner (Matthäus 25,13; auch Matthäus 24,42). So viel steht fest, der Brückenschlag geht nicht von der Erde Billionen Lichtjahre entfernt ins Irgendwo des Weltalls, sondern von Gott zu unserer Wohnstatt, dem Staubkorn Erde.

Freunde des Friedefürsten wollen verbinden, nicht verletzen, sammeln, nicht zerstreuen, versöhnen, auf keinen Fall Krieg anfangen, teilen, nicht ausbeuten. – Ob das den meisten noch nicht aufgefallen ist, dass auch Maria in ihrem Magnificat das bis zum Verderben auf Erden Verkehrte in das Gegenteil umkehren will: Groß und Klein, Arm und Reich, Gewaltige und Niedrige, Hungernde und Überreiche. – Von Marias Lobgesang aus könnte man auch zu den geistlich Armen, den Leidtragenden, den nach Gerechtigkeit Hungernden und Dürstenden, den um der Gerechtigkeit willen Verfolgten in Jesu Bergpredigt zu sprechen kommen (Matthäus 5,3-10).

Seht, die gute Zeit ist nah,
Gott kommt auf die Erde.

## Wir sagen euch an den lieben Advent. Sehet, die erste Kerze brennt!

Wir sagen euch an den lieben Advent.
Sehet, die erste Kerze brennt!
Wir sagen euch an eine heilige Zeit,
machet dem Herrn den Weg bereit.
|: Freut euch, ihr Christen,
freuet euch sehr!
Schon ist nahe der Herr. :|

Wir sagen euch an den lieben Advent.
Sehet, die zweite Kerze brennt!
So nehmet euch eins um das andere an,
wie auch der Herr an uns getan.
|: Freut euch, ihr Christen,
freuet euch sehr!
Schon ist nahe der Herr. :|

Wir sagen euch an den lieben Advent.
Sehet, die dritte Kerze brennt!
Nun tragt eurer Güte hellen Schein
weit in die dunkle Welt hinein.
|: Freut euch, ihr Christen,
freuet euch sehr!
Schon ist nahe der Herr. :|

Wir sagen euch an den lieben Advent.
Sehet, die vierte Kerze brennt.

Gott selber wird kommen. Er zögert nicht.
Auf, auf, ihr Herzen, und werdet licht!
|: Freut euch, ihr Christen,
freuet euch sehr!
Schon ist nahe der Herr. :|[11]

Pfarrer Johann Hinrich Wichern (1808–1891) gründete 1833 in Hamburg die »Erziehungsanstalt zur Rettung gefährdeter Kinder«. Für die Adventszeit ließ er einen großen Kranz im Speisesaal aufhängen. Jeden Tag wurde eine der Kerzen am Kranz entzündet, wurden Adventslieder gesungen und eine kurze Andacht gehalten. – Pfarrer Wichern bildete auch Diakone für den sozialen Dienst in Diakonie-Einrichtungen und in den Gemeinden aus. Den Brauch des Adventskranz-Singens nahmen sie mit an ihren Wirkungsort. So verbreitete sich der Adventskranz in Norddeutschland und anderen Orten – bis nach Amerika. Die Diakone feierten an den vier Adventssonntagen. Das Adventskranzsingen war jahrzehntelang in vielen Familien ein beliebter Brauch. –

Ein neues Adventslied bescherte uns Maria Ferschl (1895–1982): »Wir sagen euch an den lieben Advent«, 1954. Ihr Lied verbreitete sich schnell. Es erschien in Schulbüchern, im »Gotteslob« und im »Evangelischen Gesangbuch«. Es war kein Zeitmesser auf Weihnachten, sondern besang den wiederkommenden Herrn (erste Strophe). Mit der Fußwaschung Jesu ermahnte das Lied zur Dienstbereitschaft der Jünger (zweite Strophe). Die dritte Strophe sagte, Christen sollen Lichtträger sein. Christus war das »Licht der Welt«. Die letzte Strophe sprach von dem Kommen Christi. Die Farbe Lila der Altarbehänge ermahnt zu Buße und Umkehr in Vorbereitung darauf.

# 2. CHRISTFEST/ WEIHNACHTEN

## Stille Nacht, heilige Nacht! Alles schläft, einsam wacht

Stille Nacht, heilige Nacht!
Alles schläft, einsam wacht nur das traute,
hochheilige Paar.
Holder Knabe im lockigen Haar,
schlaf in himmlischer Ruh, schlaf in himmlischer Ruh.

Stille Nacht, heilige Nacht!
Hirten erst kund gemacht, durch der Engel Halleluja
tönt es laut von fern und nah:
Christ, der Retter, ist da, Christ, der Retter, ist da!

Stille Nacht, heilige Nacht!
Gottes Sohn, o wie lacht Lieb
aus deinem göttlichen Mund,
da uns schlägt die rettende Stund,
Christ, in deiner Geburt, Christ, in deiner Geburt.[12]

Wie sich die Zeiten ändern, und die Menschen mit ihnen! Heute wären katholische Gemeinden froh, wenn sie einen »Hilfsgeistlichen« hätten. Der Bischof würde ihn zum Pfarrer eines Gemeindeverbandes von früher drei bis vier eigenständigen Gemeinden einsetzen. Der Hilfsgeistliche Joseph Mohr lebte von 1792 bis 1848. Er betreute eine Dorfgemeinde im Salzburger Land. Beigesetzt wurde er in einem Armengrab. Dabei hätten er und sein Freund, der Lehrer, Mesner und Organist Franz Xaver Gruber (1787–1863) mit ihrem Lied »Stille Nacht, heilige Nacht« reich werden können. Es wurde in 320 Sprachen und Dialekte übersetzt!

Ihr Lied war eine Notlösung für eine ausgefallene Orgel. Joseph Mohr hatte den Text schon 1816 geschrieben. Sein Freund Franz Gruber vertonte ihn für je eine Stimme Tenor und eine Bass, begleitet von einer Gitarre und einem kleinen Chor. Mohr sang Tenor und spielte Gitarre. Gruber sang Bass und dirigierte einige Kinder bei der Wiederholung von »Stille Nacht, heilige Nacht« nach jeder Strophe. Dieses Lied kam in der kleinen, ungeheizten Dorfkirche in Oberndorf zur Uraufführung, bevor es seine Runde durch die Welt machte.

Man sollte meinen, einfacher als mit diesen Worten und der getragenen Melodie geht es kaum noch. Sie sprachen das Gefühl vieler an. Dass dieses Lied auch missachtet wurde, kann mit dem Bedeutungswandel von Worten wie »holder« Knabe zusammenhängen. Ursprünglich wurde es als »huldvoller« verstanden. Gottes Huld, sein Erbarmen, ist die Botschaft seiner Menschwerdung. Dass das Neugeborene schon lockiges Haar hatte, ist reichlich überzogen, aber harmlos verglichen mit der Verherrlichung weltlicher Herrscher.

Wichtiger als dieses Lied zu kritisieren, wäre zu verhindern, dass die Ungerechtigkeit und die Gesetzlosigkeit zunehmen. Jesus prophezeite zwar: »Weil die Ungerechtigkeit überhand nehmen wird, wird die Liebe in vielen erkalten.« Doch das ist keinesfalls zwingend, sondern »wer aber ausharrt bis ans Ende, der wird selig werden« (Matthäus 24,12-13). Selig, das ist: gerettet wird man nicht erst nach dem Tod. Zum Heil, vor einem drohenden Unheil kann man gerettet werden und anderen Beihilfe leisten. Man soll guten Willens Gott dienen.

Um das Lied »Stille Nacht, heilige Nacht« ranken sich endlos viele Geschichten, Erlebnisse und Legenden, wie Menschen Gott dienen. In Kanada lernte ich eine fast unglaubliche kennen: Ein Tankstellenwärter hatte mich zum Christmas-Dinner in seine Familie eingeladen. Ich wurde herzlich aufgenommen, aber er schaute mich wortlos an. Nach dem Dinner allerdings sagte er: »Du bist ein Deutscher. Ich muss an den Schützengrabenkrieg 1917 denken. In der Heiligen Nacht steckte einer von euch einen brennenden Kerzenstummel auf den Stacheldraht. Andere taten dasselbe. Wir vermuteten eine Kriegslist. Doch ihr kamt ohne Waffen aus dem Graben. Ihr winktet uns zu euch herüber. Wir verstanden das nicht. Doch dann gingen wir und feierten mit euch in euren Bunkern. Ihr habt ›Stille Nacht, heilige Nacht‹ gesungen, wir ›Silent Night, Holy Night‹. Wir gaben uns die Hände und schenkten uns zwei Bonbons oder Zigaretten. Als wir uns wieder auf unsere Seite zurückgezogen hatten, konnte keiner mehr schießen.«

Ob Joseph Mohr und Franz Gruber in der Ewigkeit Freude beflügelt, weil ihr Lied Menschen glücklich gemacht hat? – Warum nicht! – »Das Ziel eures Glaubens«, so lesen wir im Neuen Testament, ist »der Seelen Seligkeit« (1. Petrus 1,9).

## O du fröhliche, o du selige, gnadenbringende Weihnachtszeit

O du fröhliche,
o du selige,
gnadenbringende Weihnachtszeit!
Welt ging verloren,
Christ ist geboren:
Freue, freue dich, o Christenheit!

O du fröhliche,
o du selige,
gnadenbringende Weihnachtszeit!
Christ ist erschienen,
uns zu versühnen:
Freue, freue dich, o Christenheit!

O du fröhliche,
o du selige,
gnadenbringende Weihnachtszeit!
Himmlische Heere
jauchzen dir Ehre:
Freue, freue dich, o Christenheit![13]

Leid ist ein heiliger Engel. Dieser Gedanke von Adalbert Stifter hatte sich in vielen eingekerbt. Durch Leid sind Menschen mehr über sich hinausgereift als durch alle Freuden der Welt. Das hatten Johann Daniel Falk (1768–1826) und seine Frau Karoline erfahren. Sie hatten vier ihrer Kinder in der Zeit der

Freiheitskriege 1813/14 gegen Napoleon verloren. Das bewegt uns noch heute, wenn wir das lesen oder hören. Dass das Ehepaar noch im selben Jahr herumstreunende, verkommene, eltern- und heimatlose Straßenkinder bei sich aufgenommen hat, kann man kaum nachempfinden. Das ist nicht normal. Sie haben sie gewaschen, in den Betten ihrer verstorbenen Kinder gesund gepflegt und ihnen ein Zuhause gegeben.

Zweifellos war Napoleon ein genialer Feldherr, zugleich ein durchgreifender Staatsmann, Reformer, Wirtschafts- und Bildungspolitiker. Viele Europäer wussten deshalb nicht, sollen sie für oder gegen ihn sein. Aber seine Kriegszüge in vieler Herren Länder hatten verheerende Folgen. Scharenweise irrten bettelnd und stehlend zerlumpte und verlauste Kinder durch die Straßen und Orte. Was sollten die Ordnungsämter machen? Sie verjagten sie. Andere sperrten sie ins Gefängnis. Einige Ordnungshüter legten sie in den Stock.

Das Ehepaar Falk war sich von ihrem christlichen Glauben her klar: so löst man das Problem nicht. Sie hatten sich beim Verlust ihrer vier Kinder nicht enttäuscht von Gott abgewandt, sondern sich ihm noch bewusster zugewandt. Sie ergriffen Initiative, um noch mehr Kindern zu helfen. Sie haben mit Freunden und Nachbarn eine Aktionsgemeinschaft gegründet, eine »Gesellschaft der Freunde in Not«. Mit Unterstützung der »Freunde« mieteten sie ein Haus und nahmen immer mehr Kinder auf. Es wurden hundert, bald zweihundert. Es gab Rückschläge und Neuanfänge. Vater Falk und die »Freunde« verbanden mit ihrer Fürsorge eine Schule, auch eine Sonntagsschule, um die Kinder zugleich christlich zu erziehen.

Vor Weihnachten schwillt bekanntlich bei vielen die soziale Ader an. Waisenhäuser und Pflegeheime profitieren davon.

Aber das sind nur einmalige Hilfen. Vater Falk wollte den Kindern keine vorübergehende, sondern eine bleibende Liebesbezeugung von Gott geben. Doch 1816 war er krank und ans Bett gefesselt. Da schrieb er ihnen ein Dreifesttagslied für Weihnachten, Ostern und Pfingsten. Heinrich Holzschuher, der einige Jahre als Sozialarbeiter bei Vater Falk gearbeitet hatte, brachte das Lied 1829 in die heutigen drei Strophen. Überglücklich schrieb Vater Falk einem Freund: »Ich freue mich der inbrünstigen Andacht, mit der die Kinder meine Lieder singen. Sonderlich mit dem Dreifeiertagslied ist es mir geglückt. Ich sprach es den Kindern in der Sonntagsschule zweimal vor. Da konnten sie es alle. Nimmer hätte ich geglaubt, dass mir mein Gott die Gabe der volkstümlichen kindlichen Rede verliehen hätte.«

Bei der Melodie dachte Falk an den kleinen Italienerjungen in seinem Haus. Einmal nur war er mit einem Lied aus seiner Heimat aus sich herausgegangen. Dann war er wieder verstummt. Was mochte dieser Junge erlitten haben! Falk fand die Melodie in dem Buch »Alte Volkslieder«, herausgegeben von Johann Gottfried Herder. Mit ihm war er befreundet. Diese Melodie hatte Herder bei den Fischern auf Sizilien gehört. Sie hatten es jeden Morgen, wenn sie ins Boot stiegen, zu dem Text »O Sanctissima« (von Giovanni da Palestrina) gesungen. Herder hatte es eines der schönsten italienischen Volkslieder genannt. Diese Melodie von dem Italienerjungen unterlegte Falk dem Dreifeiertags-, später »O du fröhliche«-Lied.

1819 verloren Johann und Karoline ihren hoffnungsvollen 17-jährigen Sohn. Er wollte gerade sein Studium beginnen. In sein Tagebuch schrieb der Vater: »Den folgenden Tag kamen noch vier Kinder mit einem Empfehlungsschreiben ihres Pastors. Mein Sohn stand noch auf der Bahre. Wir haben sie nicht abgewiesen. Der Name des Herrn sei hoch gelobt!« Dann starb auch noch die sechsjährige geliebte Tochter, das sechste Kind.

Früher hatte Falk zum Literarischen Freundeskreis Goethes und Herders gehört. Seine Beiträge aber waren satirische Gedichte gewesen. Durch das große Leid, allein im ersten Jahr der Befreiungskriege vier seiner Kinder zu verlieren, fand er den Trost des Glaubens. In sein Tagebuch schrieb er: »Ich habe den Herrn Jesus erst unter dem Kreuz erkannt. So geben meine Lieder einen anderen Klang als früher. Und ich freue mich, dass ich auch den Ton treffe, der den Kindern an das Herz geht ... Mir gehen die Augen über, wenn die Kinder mit glückstrahlenden Augen das Lied anstimmen, das ich für sie geschrieben habe.« O du fröhliche.

# In dulci jubilo, nun singet und seid froh

1. In dulci jubilo
nun singet und seid froh:
Unsers Herzens Wonne
liegt in praesepio
und leuchtet wie die Sonne
matris in gremio.
Alpha est et O,
Alpha est et O.

2. O Jesu parvule,
nach dir ist mir so weh.
Tröst mir mein Gemüte,
o puer optime,
durch alle deine Güte,
o princeps gloriae.
Trahe me post te,
trahe me post te.

3. Ubi sunt gaudia?
Nirgend mehr denn da,
da die Engel singen
nova cantica.
Und die Zimbeln klingen
in regis curia.
Eja qualia,
eja qualia.[14]

## Nun singet und seid froh, jauchzt alle und sagt so

1. Nun singet und seid froh,
jauchzt alle und sagt so:
Unsers Herzens Wonne
liegt in der Krippe bloß
und leucht' doch wie die Sonne
in seiner Mutter Schoß.
|: Du bist A und O. :|

2. Sohn Gottes in der Höh,
nach dir ist mir so weh.
Tröst mir mein Gemüte,
o Kindlein zart und rein,
durch alle deine Güte,
o liebstes Jesulein.
|: Zieh mich hin zu dir! :|

3. Groß ist des Vaters Huld,
der Sohn tilgt unsre Schuld.
Wir warn all verdorben
durch Sünd und Eitelkeit,
so hat er uns erworben
die ewig Himmelsfreud.
|: O welch große Gnad! :|

4. Wo ist der Freudenort?
Nirgend mehr denn dort,
da die Engel singen
mit den Heilgen all
und die Psalmen klingen
im hohen Himmelssaal.
|: Eia, wärn wir da! :|[15]

Auch im Mittelalter gab es Andachten mit Aktionen. Nach altem Brauch wurde zu dem Wiegenlied »In dulci jubilo« (14. Jahrhundert) eine Wiege vor dem Altar aufgestellt. Zum »Christkindlwiegen« wurde eine Puppe hineingelegt. – Als ich als Pfarrer aus der Stadt aufs Land wechselte, hatte ich in der Krippenlandschaft eine Krippe ohne Christkind aufgestellt. Da sagte mir ein wohlwollender älterer Presbyter: »Sie meinen es ja gut. Aber eine Krippe ohne Christuskind ist kein Weihnachten.« Auch das Lied »Josef, lieber Josef mein, hilf mir wiegen mein Kindelein« ist aus dem 14. Jahrhundert. Andere Lieder endeten auf »eia popeia, susani«, nicht als »Entsagungslieder« (Heinrich Heine, Ein Wintermärchen), sondern für Kinder mit Gefühl. Gott kam ihnen zum Greifen nah. In einigen Kirchen tanzten Kinder, als Hirten und Engel verkleidet, um die im Altarraum aufgestellte Krippe mit dem Christkindl. Lieder wie »In dulci jubilo« (mit wohlklingendem Jubel) wurden auch in ein Krippenspiel eingebunden und aufgeführt.

Etwas von dem Volkstümlichen ist noch vorhanden, wenn die Melodie des Liedes aus den Lautsprechern der Kaufhäuser oder der Weihnachtsmärkte beim Bratwurstduft erklingt. Die Älteren werden sich erinnern, dass der lateinisch-deutsche

Mischtext des Liedes vielen früher gut bekannt war. Auch wenn sie ihn nicht übersetzen konnten, aber in ihrem Gemüt und frommen Gefühl hatten sie sich die Stimmung angeeignet. Sie sangen mit. Der deutsche Text aus dem Evangelischen Gesangbuch ist mit derselben Melodie zu singen.

Woher das Lied kommt? – Der mittelalterliche Mystiker Heinrich Seuse aus Köln erwähnte es in seiner Vita (Lebensbeschreibung) von 1350: In einer Vision meinte er erlebt zu haben, ein himmlischer Spielmann habe eine wunderbare Melodie gespielt. Die habe ihn dazu gebracht, mit ihm und den ihn begleitenden Engeln jubelnden Herzens zu tanzen. Seine Gehbehinderung, seine Leiden und Schmerzen habe er nicht mehr gespürt. Er habe sich von der Freude wie in den herrlichen Festsaal vor Gottes Thron versetzt gefühlt.

Krippenspiele, die auch heute wieder im Altarraum von Kirchen aufgeführt werden, sind auf die Zuschauer und Zuhörer im Kirchenraum ausgerichtet. Sie sollen sich angesprochen fühlen, sich in den Kreis miteinschließen und teilnehmen. Auch in der Krippenlandschaft ist vorne ein Raum ausgespart, in dem sich jeder, der hinzukommt und das Bild bewundert, in den Kreis der Aufgestellten einreihen kann. Von vielen Bildern beeindruckte und geprägte moderne Menschen lassen auch die Bilder von Krippenspielen auf sich wirken.

Vom Mittelalter her wird dieses Lied »Fenster in die Ewigkeit« genannt. Haben die Menschen früherer Zeiten sich beim Weihnachten-Feiern so gefühlt, als gehörten sie schon mit den Engeln in die Ewigkeit und dürften sie, obwohl noch erdgebunden, sich als Mitglieder der Gottesfamilie in den Kreis der Anbetenden einreihen?

»Alpha es et O«, du bist der Erste und der Letzte (nach dem ersten und letzten Buchstaben im griechischen Alphabet). Gott ist der Erste, weil Schöpfer aller Dinge, der Letzte, weil er auch das letzte Wort zu sagen hat. So lesen wir: »Fürchte dich nicht! Ich bin der Erste und der Letzte und der Lebendige. Ich war tot, und siehe, ich bin lebendig von Ewigkeit zu Ewigkeit und habe die Schlüssel des Todes und der Hölle« (Offenbarung 1,17-18).

# Vom Himmel hoch, da komm ich her

»Vom Himmel hoch, da komm' ich her,
ich bring euch gute neue Mär;
der guten Mär bring ich so viel,
davon ich singn und sagen will.

Euch ist ein Kindlein heut geborn
von einer Jungfrau auserkorn,
ein Kindelein so zart und fein,
das soll eu'r Freud und Wonne sein.

Es ist der Herr Christ, unser Gott,
der will euch führn aus aller Not,
er will eu'r Heiland selber sein,
von allen Sünden machen rein.

Er bringt euch alle Seligkeit,
die Gott der Vater hat bereit',
dass ihr mit uns im Himmelreich
sollt leben nun und ewiglich.

So merket nun das Zeichen recht:
die Krippe, Windelein so schlecht,
da findet ihr das Kind gelegt,
das alle Welt erhält und trägt.«

Des lasst uns alle fröhlich sein
und mit den Hirten gehn hinein,

zu sehn, was Gott uns hat beschert,
mit seinem lieben Sohn verehrt.

Merk auf, mein Herz, und sieh dorthin;
was liegt doch in dem Krippelein?
Wes ist das schöne Kindelein?
Es ist das liebe Jesulein.

Sei mir willkommen, edler Gast!
Den Sünder nicht verschmähet hast
und kommst ins Elend her zu mir,
wie soll ich immer danken dir?

Ach Herr, du Schöpfer aller Ding,
wie bist du worden so gering,
dass du da liegst auf dürrem Gras,
davon ein Rind und Esel aß!

Und wär die Welt vielmal so weit,
von Edelstein und Gold bereit',
so wär sie doch dir viel zu klein,
zu sein ein enges Wiegelein.

Der Sammet und die Seide dein,
das ist grob Heu und Windelein,
darauf du König groß und reich
herprangst, als wär's dein Himmelreich.

Das hat also gefallen dir,
die Wahrheit anzuzeigen mir,

wie aller Welt Macht, Ehr und Gut
vor dir nichts gilt, nichts hilft noch tut.

Ach, mein herzliebes Jesulein,
mach dir ein rein, sanft Bettelein,
zu ruhen in meins Herzens Schrein,
dass ich nimmer vergesse dein!

Davon ich allzeit fröhlich sei,
zu springen, singen immer frei
das rechte Susaninne schön,
mit Herzenslust den süßen Ton.

Lob, Ehr sei Gott im höchsten Thron,
der uns schenkt seinen ein'gen Sohn!
Des freuet sich der Engel Schar
und singet uns solch neues Jahr.[16]

Text und Melodie dieses Liedes stammen von Martin Luther. Ein vielseitig begabter Mann. Seine »Herrin«, Frau Katharina, geborene von Bora, führte einen großen Haushalt. Dazu gehörten sechs eigene Kinder, plus Kinder von Ärmeren aus der Verwandtschaft beider Eltern, plus Studenten als Kostgänger, insgesamt 40 bis 50 Personen. Hinzu kamen Gäste, Kollegen, Freunde, Verwandte, Durchreisende. Die Professoren mussten den Studenten Kost und Logis bieten. Luther benutzte dafür das ehemalige Augustinerkloster. Die Aufzeichnungen der Tischreden des Hausherrn Luther umfassen sechs der 127 Bände der Weimarer Ausgabe (Werke Luthers). Das Lied entstand als eine Art Singspiel für die Weihnachtsfeier:

Nach der Bescherung erzählte Luther die Weihnachtsgeschichte. Kam er zu dem Satz »Und der Engel des Herrn trat zu den Hirten«, öffnete sich die Türe. Ein als Engel verkleideter Student trat ein. Er sang in den ersten fünf Strophen, was der Engel den Hirten auf dem Felde verkündete. Zu Anfang der sechsten Strophe öffnete sich die Türe zum Weihnachtszimmer. Der Hausherr lud zum Eintreten in das bis dahin verschlossene Weihnachtszimmer ein. Er sang: »Des lasst uns alle fröhlich sein und mit den Hirten gehn hinein, zu sehn, was Gott uns hat beschert, mit seinem lieben Sohn verehrt.« Einzelne stellten sich vor die Krippe und sangen jeder eine von der siebten bis zur vierzehnten Strophe. Luther beendete das Lied mit der letzten Strophe.

Luther hatte dem Text die Melodie eines Bänkelsängers unterlegt. Wiederholt war kritisiert worden, dass diese Melodie auch angeheiterte Zecher benutzten, aus der Gaststätte kommend. Fünf Jahre später schrieb er eine eigene Melodie.

Textlich hielt er sich in seinem Singspiel zunächst an die biblische Vorlage. Ab der siebten Strophe sangen Einzelne, als sprächen sie als Kinder zu ihrem Herzen. In Kindern verständlichen Sätzen wandten sie sich dabei zum Jesuskind in der Krippe. Sie baten, es soll in ihren Herzen liegen, damit sie allzeit freudig singen und springen können.

Diesem Singspiel schloss sich eine Andacht an. – Zu bewundern ist der Versuch Luthers, für alle, für die Erwachsenen und die Studierenden im Haus, ebenso für die kleineren Kinder eine häusliche Weihnachtsfeier zu gestalten.

## Vom Himmel hoch, o Englein, kommt! Eia, eia, susani, susani, susani!

1. Vom Himmel hoch, o Englein, kommt!
   Eia, eia, susani, susani, susani,
   kommt, singt und klingt, kommt pfeift und trombt!
   Halleluja, halleluja. Von Jesus singt und Maria.

2. Kommt ohne Instrumente nit, eia …
   bringt Lauten, Harfen, Geigen mit. Halleluja …

3. Lasst hören euer Stimmen viel, eia …
   mit Orgel und mit Saitenspiel. Halleluja …

4. Das Saitenspiel muss lauten süß, eia …
   davon das Kindlein schlafen muss. Halleluja …

5. Singt Fried den Menschen weit und breit, eia …
   Gott Preis und Ehr in Ewigkeit. Halleluja …[17]

1622 hatte Friedrich Spee mit seinem Lied »O Heiland, reiß die Himmel auf, herab, herab vom Himmel lauf!« klar und drängend zu Gott gerufen. Denn im fünften Jahr hatten die Heere aus aller Herren Länder bereits auf deutschem Boden getobt. – Das Lied »Vom Himmel hoch, o Englein, kommt« schrieb ein Unbekannter aus Köln ein Jahr später. Auch er ruft in Not Gott herbei. Er rief sanfter als Friedrich Spee. Das »Eia, susani« und das »o Englein« täuschen nicht darüber hinweg, dass er in Not rief. Sechs Jahre Krieg waren unerträglich.

Weihnachten mit dem Christkind und den Liedern wollte er den Kindern nicht vorenthalten. Hatten die Kinder ein Püppchen, und wenn es aus Lumpen war, konnte man ihnen nicht die kleine Freude des »Christkindlwiegens« mit einem Wiegenlied nehmen. Heinrich Heine blieb der Dreißigjährige Krieg erspart. Hätte er ihn erlebt, vielleicht hätte auch er mit den Müttern und Großmüttern das »Eia, popeia, susani« gesungen, statt zu spotten. Die Menschen sangen sich vor dem Kind in der Krippe die Ängste und Sorgen von der Seele.

Im Lied baten die Kinder die Engel, mit den Instrumenten auf die Erde zu kommen und dem Kindlein zu spielen. Das Saitenspiel sollte lauten »süß«, damit »das Kindlein schlafen kann«. Friedrich Spee dachte realer. Der unbekannte Dichter aus Köln wollte, die Kinder sollten allem Kriegstreiben zum Trotz ihr Weihnachten feiern.

Dreißig Jahre lang kein Jahr Ruhe in den deutschen Landen! »Singt Fried den Menschen weit und breit« ist der Hilferuf in diesem Wiegenlied. Solche Bitten bewegten viele zu inständigen Gebeten. Trotzdem ist dieses Lied, sind auch Lieder von Paul Gerhardt in der zweiten Hälfte des 17. Jahrhunderts vergessen worden. Der Krieg war vorüber. Man wollte nicht mehr an ihn, auch nicht mehr an die Hilferufe erinnert werden. Die Aufklärer hatten gut spotten über Paul Gerhardts Lieder. Denn sie brauchten nicht so ein Elend wie dreißig Jahre Krieg mitzumachen.

Im 19. Jahrhundert wurde das Lied »Vom Himmel hoch, o Englein, kommt, eia, eia, susani, susani, susani« ein geistliches Volkslied genannt. 1884 war es im »Deutschen Liederhort«, herausgegeben von Ludwig Erk und Franz Magnus Böhme, erschienen. Es war die Zeit, in der überall Volkslieder gesammelt wurden. Johann Gottfried Herder hatte dazu aufgerufen. Die Volkskunst sollte nicht verloren gehen. 1906 stand das Lied im sogenannten Kaiserliederbuch, dem »Volksliederbuch für Männerchor«, 1909 im »Zupfgeigenhansl«.

Heute steht es auch im landeskirchlichen Teil des »Evangelischen Gesangbuchs« (EG) für Rheinland, Westfalen, Lippe (Nr. 405).

# Nun komm der Heiden Heiland, der Jungfrauen Kind erkannt

1. Nun komm, der Heiden Heiland,
der Jungfrauen Kind erkannt,
dass sich wunder alle Welt,
Gott solch Geburt ihm bestellt.

2. Nicht von Manns Blut noch von Fleisch,
allein von dem Heil'gen Geist
ist Gotts Wort worden ein Mensch
und blüht ein' Frucht Weibesfleisch.

3. Der Jungfrau Leib schwanger ward,
Doch blieb Keuschheit rein bewahrt,
Leucht't hervor manch Tugend schoen,
Gott da war in seinem Thron.

4. Er ging aus der Kammer sein,
dem königlichen Saal so rein,
Gott von Art und Mensch, ein Held;
sein' Weg er zu laufen eilt.

5. Sein Lauf kam vom Vater her
und kehrt wieder zum Vater,
fuhr hinunter zu der Höll
und wieder zu Gottes Stuhl.

6. Der du bist dem Vater gleich,
führ hinaus den Sieg im Fleisch,
dass dein ewge Gottsgewalt
in uns das krank' Fleisch erhalt.

7. Dein Krippen glänzt hell und klar,
die Nacht gibt ein neu Licht dar.
Dunkel muss nicht kommen drein,
der Glaub' bleib immer im Schein.

8. Lob sei Gott dem Vater g'tan;
Lob sei Gott seim ein'gen Sohn,
Lob sei Gott dem Heil'gen Geist
immer und in Ewigkeit![18]

# Gott sei Dank durch alle Welt, der sein Wort beständig hält

1. Gott sei Dank durch alle Welt,
der sein Wort beständig hält
und der Sünder Trost und Rat
zu uns hergesendet hat.

2. Was der alten Väter Schar
höchster Wunsch und Sehnen war
und was sie geprophezeit,
ist erfüllt in Herrlichkeit.

3. Zions Hilf und Abrams Lohn,
Jakobs Heil, der Jungfrau Sohn,
der wohl zweigestammte Held
hat sich treulich eingestellt.

4. Sei willkommen, o mein Heil!
Dir Hosianna, o mein Teil!
Richte du auch eine Bahn
dir in meinem Herzen an.

5. Zeuch, du Ehrenkönig, ein,
es gehöret dir allein;
mach es, wie du gerne tust,
rein von allem Sündenwust.

6. Und gleichwie dein Ankunft war
voller Sanftmut, ohn Gefahr,
also sei auch jederzeit
deine Sanftmut mir bereit.

7. Tröste, tröste meinem Sinn,
weil ich schwach und blöde bin
und des Satans schlaue List
sich zu hoch an mir vermisst.

8. Tritt der Schlange Kopf entzwei,
dass ich, aller Ängste frei,
dir im Glauben um und an
selig bleibe zugetan.

9. Dass, wenn du, o Lebensfürst,
prächtig wiederkommen wirst,
ich dir mög entgegengehn
und vor Gott gerecht bestehn.[19]

Beide Lieder sind Übersetzungen des altkirchlichen Hymnus *Veni, redemptor gentium* (Komm, Erlöser der Völker): Früher wurde in den Kirchen griechisch gebetet und gesungen. Der Erzbischof Ambrosius von Mailand hatte im 4. Jahrhundert vieles ins Lateinische übersetzt. Martin Luther wiederum hat das Lied des Ambrosius 1524, metren- und wortgetreu, aber in einem anderen Versmaß, ins Deutsche übersetzt. »Lutherchoral« wurde es unzutreffenderweise genannt. Es war beliebt. Der Text wurde oft vertont.

Lieder wurden im Mittelalter von den Priestern, vom Kantor oder einem Chor gesungen. Dieses Lied aber war schon bald so beliebt, dass es einige Übersetzungen ins Deutsche gab und es wie ein Gemeindelied gesungen wurde.

Heinrich Held (17. Jahrhundert) aus Schlesien übersetzte den Text von Ambrosius recht frei ins Deutsche: »Gott sei Dank durch alle Welt«. Sein Liedtext setzte sich mit der Melodie von Martin Luther durch. Beide Liedtexte können nach der von Luther überarbeiteten mittelalterlichen Melodie aus Einsiedeln gesungen werden.

1524 gärte es bereits in Auseinandersetzungen zwischen den Bauern und ihren Herren. 1525 kam es zum Bauernkrieg. Auch die Kleinstädte hatten unter dem Zwist zu leiden. Und wieder riefen die Menschen geängstigt zu Gott. Sie hofften auf ein Eingreifen Gottes, des Herrn, in die Geschichte: »Nun komm der Heiden Heiland, der Jungfrauen Kind erkannt.« Gott sollte dem Streit, dem Unrecht und dem Krieg ein Ende setzen.

Die Strophen zwei bis vier zeichnen den Weg Jesu Christi in diese Welt und zurück in seine Herrlichkeit nach. Ihm sei Lob und Preis!

Heinrich Helds freiere Übersetzung des *Veni, redemptor gentium* stammt aus dem Jahr 1658. Da war der lange Krieg schon zehn Jahre überstanden. Es war Frieden. Heinrich Held rief darum weniger drängend nach dem Kommen und Eingreifen Gottes in die Weltgeschichte. Seine Worte feiern mehr die Menschwerdung Gottes. Sie erfüllte sich nach Prophezeiungen. Christus soll auch in den Menschenherzen geboren werden.

## Zu Bethlehem geboren ist uns ein Kindelein, das hab ich auserkoren, sein eigen will ich sein

1. Zu Bethlehem geboren ist uns ein Kindelein,
das hab ich auserkoren, sein eigen will ich sein,
eia, eia, sein eigen will ich sein.

2. In seine Lieb versenken will ich mich ganz hinab;
mein Herz will ich ihm schenken und alles, was ich hab,
eia, eia, und alles, was ich hab.

3. O Kindelein, von Herzen will ich dich lieben sehr
in Freuden und in Schmerzen, je länger und je mehr,
eia, eia, je länger und je mehr.

4. Dazu dein Gnad mir gebe, bitt ich aus Herzensgrund,
dass dir allein ich lebe, jetzt und zu aller Stund,
eia, eia, jetzt und zu aller Stund.[20]

Friedrich Spee von Langenfeld war auf katholischer Seite, was Paul Gerhardt auf evangelischer Seite war: der bekannteste und verdienteste Kirchenlieder-Dichter der Barockzeit. Schade, dass beide in der unterkühlten Zeitepoche der Aufklärung weniger geachtet waren. Von einigen wurden sie als zu persönlich und zu gefühlsbetont abgelehnt. Aber die Spötter unter den Aufklärern bis hin in späteren Zeiten zu Heinrich Heine hatten gut spotten. Sie hatten ja das Elend und die Todesnot des Dreißigjährigen Krieges nicht miterlebt. Die Notleidenden brauchten Zuspruch, Zuwendung, Trost. Wer gab es ihnen, wenn Unbeteiligte spotteten!

Der Kreis derer, für die zu Bethlehem Jesus Christus geboren wurde, kann nicht weit genug gezogen werden. Der Dichter Friedrich Spee von Langenfeld bekannte sich gleich in einer doppelten Aussage zu ihm: »Das hab ich auserkoren, sein eigen will ich sein.« Die folgenden Strophen detaillierten sein Bekenntnis. Friedrich Spee war kein der Welt und den Tatsachen abgewandter Mystiker, sondern ein willensstarker, nüchterner Tatchrist.

Dieses Bekenner-Lied wurde 1637 veröffentlicht. Da war Spee schon zwei Jahre verstorben. Hätte er es noch zu Lebzeiten herausbringen können, aller Wahrscheinlichkeit nach hätte er seinen Namen wieder nicht dazugesetzt. Bei vielen Liedern fand man ihn erst später als Urheber. Er wollte Gott, nicht sich die Ehre geben. Namen, wenn von stolzen Eingebildeten, sind Schall und Rauch (Schiller). Gottes Namen wollte er loben und preisen.

Spee hätte auch keine Gelegenheit gehabt, dieses Lied, mit dem er bittet, in den Lobpreis Gottes einzustimmen, in einem Buch herauszugeben. Nachdem jemand sein 400-Seiten-Buch handschriftlicher Anklagen gegen die Hexenprozesse ohne sein Wissen veröffentlicht hatte, war er von seinem Orden nach Trier versetzt worden. Da war er vor Gerichtsprozessen sicher, nicht vor Kriegsgefahr. Der Erzbischof von Trier hatte Frankreich um Hilfe gegen den Kaiser gebeten. In Eilmärschen rückten die kaiserlichen Truppen gegen das Erzbistum Trier. Spee hätte sich in Sicherheit bringen können. Doch er blieb und pflegte die verwundeten französischen Gefangenen. Und als in dem Kriegsgefangenen-Lazarett die Pest ausbrach, pflegte Spee auch die verwundeten Pest-Kranken. Dabei infizierte er sich. Er starb mit 44 Jahren. In dieser schweren Zeit muss sein Bekenner-Weihnachtslied entstanden sein.

Spee gebrauchte leicht verständliche Worte für einfache Menschen. Er wollte sie in ihrem schweren Leid trösten. Man nannte ihn den »göttlichen Minnesänger«. Jede Strophe beendete er mit »Eja, eja«. Aber ihm deswegen eine weltabgewandte Frömmelei vorzuwerfen, wäre ungerecht. Er ist sogar ein Beispiel dafür: je glaubensernster und inniger mit Gott verbunden, desto klarer und nüchterner erkennt man Hilfe- und Liebebedürftige. Desto aktiver, ohne auf Lob, Anerkennung und Dank zu warten, setzt man sich für sie ein. Jesus heilte zehn Aussätzigen (Lukas 17,11-19), aber nur einer erkannte in ihm den Heiland der Welt.

Spee stand oft zwischen den Fronten. Dass er von beiden Seiten angefeindet wurde, war nicht zu verwundern. Auf dem Weg zu einem Gottesdienst versuchte ein Unbekannter auf ihn ein Attentat zu verüben. Aber Spee überlebte den Anschlag.

# Ich steh an deiner Krippen hier, o Jesu, du mein Leben

1. Ich steh an deiner Krippen hier,
o Jesu, du mein Leben;
ich komme, bring und schenke dir,
was du mir hast gegeben.
Nimm hin, es ist mein Geist und Sinn,
Herz, Seel und Mut, nimm alles hin
und lass dir's wohlgefallen.

2. Da ich noch nicht geboren war,
da bist du mir geboren
und hast mich dir zu eigen gar,
eh ich dich kannt, erkoren.
Eh ich durch deine Hand gemacht,
da hast du schon bei dir bedacht,
wie du mein wolltest werden.

3. Ich lag in tiefster Todesnacht,
du warest meine Sonne,
die Sonne, die mir zugebracht
Licht, Leben, Freud und Wonne.
O Sonne, die das werte Licht
des Glaubens in mir zugericht',
wie schön sind deine Strahlen!

4. Ich sehe dich mit Freuden an
und kann mich nicht satt sehen;

und weil ich nun nichts weiter kann,
bleib ich anbetend stehen.
O dass mein Sinn ein Abgrund wär
und meine Seel ein weites Meer,
dass ich dich möchte fassen!

5. Wann oft mein Herz im Leibe weint
und keinen Trost kann finden,
rufst du mir zu: »Ich bin dein Freund,
ein Tilger deiner Sünden.
Was trauerst du, o Bruder mein?
Du sollst ja guter Dinge sein,
ich zahle deine Schulden.«

6. O dass doch so ein lieber Stern
soll in der Krippen liegen!
Für edle Kinder großer Herrn
gehören güldne Wiegen.
Ach Heu und Stroh ist viel zu schlecht,
Samt, Seide, Purpur wären recht,
dies Kindlein drauf zu legen!

7. Nehmt weg das Stroh,
nehmt weg das Heu,
ich will mir Blumen holen,
dass meines Heilands Lager sei
auf lieblichen Violen;
mit Rosen, Nelken, Rosmarin
aus schönen Gärten will ich ihn
von oben her bestreuen.

8. Du fragest nicht nach Lust der Welt
noch nach des Leibes Freuden;
du hast dich bei uns eingestellt,
an unsrer Statt zu leiden,
suchst meiner Seele Herrlichkeit
durch Elend und Armseligkeit;
das will ich dir nicht wehren.

9. Eins aber, hoff ich, wirst du mir,
mein Heiland, nicht versagen:
dass ich dich möge für und für
in, bei und an mir tragen.
So lass mich doch dein Kripplein sein;
komm, komm und lege bei mir ein
dich und all deine Freuden.[21]

Paul Gerhardt (1607–1676) war elf Jahre alt, als der lange Krieg begann, 41, als er endete. Im Krieg verlor er seine Eltern, Haus und Hof, die Felder verwüstet. Er studierte Theologie, aber fand keine Anstellung. Kirchen und Pfarrhäuser waren zerstört, ganze Gemeinden ausgestorben oder vertrieben. Viele hungerten. Gerhardt musste sich mit einer Anstellung als Hauslehrer erst in Wittenberg, dann in Berlin-Neukölln begnügen. Die Bevölkerung in Neukölln war durch die Pest von 14000 auf 6000 reduziert worden. Mit Anfang 40 übernahm er in Mittenwalde bei Berlin eine Gemeinde, auch das nur durch Beziehung. Von 1000 Gemeindemitgliedern hatten nur 250 die Pest und den Krieg überlebt. Er wurde zugleich als Probst eingesetzt. Das neideten ihm berufserfahrene Kollegen, denen er als Neuling im Beruf wenig zu sagen hatte.

Dieses und anderes Leid – am schlimmsten: vier Kinder und seine Frau starben – sein streng reformierter Landesherr, der große Kurfürst, enthob ihn seines Amtes –, fochten Gerhardts Glauben an. Doch er gewann jedes Mal wieder neuen Glaubensgrund. Als Leidgeprüfter und Angefochtener fand er dann gestärkt zu Gott zurück. Gott wurde sein Trost und sein Heil. Dass er dunkle Täler durchwanderte und neu gestärkt wurde, befähigte ihn mit seinen Liedern, andere zu trösten. »Ich steh an deiner Krippe hier« ist ein Anbetungslied in bitterer Not.

Man darf davon ausgehen, dem Dichterpfarrer standen bei diesem Lied Altarbilder von der Anbetung des Menschgewordenen, auch Krippenspiele im Altarraum vor Augen. Ich habe es selber nicht erlebt, aber ich kann mir vorstellen, vom Leid Gebeugte schütteten vor einer vor dem Altar aufgestellten Krippe oder einer Krippenlandschaft ihr Herz in Gebet und Tränen aus. Wohin sollten sie sonst ihren Kummer, ihre Trauer und ihr Leid tragen! Dort trafen sie Leidensgefährten, mit denen sie sich austauschen und sich gegenseitig trösten konnten. Dort konnte der Pfarrer des Gotteshauses ihnen seelsorgerlichen Zuspruch geben.

Wer wird Leidgeprüften verübeln, dass sie den Heiland, winzig und doch der Herr der Welt, zum Greifen nahe fanden. Es war kein Luxus, in diesem ausgegrenzten, dem Dienst an Gott geweihten Raum der Kirche eine Auszeit zu erleben. Da erstarkten sie wieder, den alltäglichen Anforderungen standzuhalten. Gerhardt hatte seine Lieder für Andachten in Hauskreisen gedacht. Dass sie sich wie Volkslieder ausbreiteten und in Gottesdiensten gesungen wurden, lag daran, dass er sein Leid, seine Anfechtung und Tröstung in ihnen ausdrückte. Die Menschen konnten sich mit diesen Liedern identifizieren. Gerhardt war ihr Vorbeter.

Seine Lieder enden meist im Himmel. Das war für ihn und für viele der größte Trost. Keine Vertröstung, sondern mit diesem Ziel vor den geistigen Augen und im Herzen gewannen sie neue Kraft. Zwei Jahre lebte Gerhardt durch seine Amtsenthebung ohne Einkünfte. In Lübben, im »Ausland«, außerhalb des Herrschaftsbereichs des Großen Kurfürsten, fand Gerhardt endlich eine Anstellung. Aber es wurde immer stiller um ihn. Zu Lebzeiten hatte er nicht den Ruf wie heute. Ein Kind war ihm geblieben, ein Junge von sechs Jahren.

Das Lied »Ich steh an deiner Krippen hier« wäre beinahe vergessen worden. Viele, besonders in der Epoche der Aufklärung (zweite Hälfte des 18. Jahrhunderts) betrachteten es als ein Kinderlied. Johann Sebastian Bach hatte 1736 eine eigene Melodie dazu geschrieben. Er hatte es nach dem Evangelium von der Anbetung der Könige aus dem Morgenland in sein Weihnachtsoratorium eingefügt. Aber selbst seine Werke wären in Vergessenheit geraten, hätte nicht Felix Mendelssohn Bartholdy 1829 die Matthäus-Passion in Berlin aufgeführt.

# Auf dem Berge, da wehet der Wind, da wieget Maria ihr Kind

Auf dem Berge, da wehet der Wind,
da wieget Maria ihr Kind,
sie wiegt es mit ihrer schneeweißen Hand,
sie hat dazu kein Wiegenband.
»Ach, Josef, liebster Josef mein,
ach, hilf mir wiegen mein Kindelein!«
»Wie kann ich dir denn dein Kindlein wiegen?
Ich kann ja kaum selber die Finger biegen.«
Schum schei, schum schei.[22]

Dieses Lied steht natürlich nicht im Kirchengesangbuch. Aber es kommt aus dem Altarraum der Kirche. Es hat sich aus einem Krippenspiel verselbstständigt. Es will nicht wörtlich, sondern symbolisch verstanden werden. Es hat sich in textlich und melodisch verschiedenen Varianten verbreitet. »Geboren« wurde es 1841 in Schlesien (Slansk) und in Hessen. Warum an einigen Orten zeitgleich, ist schwer zu sagen. Einzelheiten weiß man nicht.

Warum »auf dem Berge«, wo der Wind auch heftig wehen kann? – Hat der Texter an Psalm 121 gedacht? »Ich hebe meine Augen auf zu den Bergen. Woher kommt mir Hilfe? Meine Hilfe kommt vom Herrn, der Himmel und Erde gemacht hat.« – In der Mitte des 19. Jahrhunderts – die Zeit der Romantik – könnte auch das Lied »Droben stehet die Kapelle, schauet still ins Tal hinab« – ein Gedicht von Ludwig Uhland,

1805, zum Thema Sterben – Pate gestanden haben. Es ist ein Wiegenlied, »Schum schei«, wie viele Weihnachtslieder.

Man könnte fragen, warum schon in vorchristlicher Zeit viele Tempel und Pilgerstätten auf Hügeln und Anhöhen standen. Die Pilger stiegen in einer Prozession auch auf den Tempelberg in Jerusalem »hinauf«. Dabei sangen sie Wallfahrtslieder aus dem Buch der Psalmen. Heute noch finden wir Wallfahrtskirchen auf Anhöhen, so die Kapelle der Seligpreisungen am See Genezareth, Sacre Cœur de Montmatre in Paris oder Sainte-Odile auf dem Odilienberg bei Straßburg. Ehrfürchtig steigt man zu einer Anhöhe oder Stufen zu einem Gebäude hoch.

In der Kunstgeschichte wird der »Ziehvater« Josef oft als alternder Mann dargestellt. Er kniet abseits von Maria auf der Erde und bläst in ein kleines Feuer, mit dem er ein Süppchen kochen will. Ein Bild der Armut, auch dass Maria kein Band besitzt, mit dem sie die Wiege mit Jesus leichter in Bewegung halten konnte. Sie musste ihre zarte, schneeweiße Hand benutzen. Josef würde ihr helfen. Er gibt von Herzen sein Letztes. Aber er kann die, vielleicht von Gicht, steif gewordenen Finger an seinen abgearbeiteten Händen kaum bewegen.

Auf Ikonen der griechisch- und russisch-orthodoxen Kirche steht Josef, wieder abseits von Maria. Er stützt sich schwer gebeugt auf einen Hirtenstab. Kanonisch vorgeschrieben steht vor ihm ein schwer definierbarer dunkler Mann. Man weiß nicht, soll es der Versucher sein, der die Zweifel wegen der Geburt des Kindes nährt, oder soll es der Prophet Jesaja sein, der ihn mit seinen Messias-Weissagungen in seinem Glauben bestärkt.

Das Neugeborene liegt wie ein Leichnam, die Arme und Beine mit einer Binde fest umwunden, vor dem Eingang zu einer Höhle. Orthodoxe verstehen das so: der höllische Abgrund hat seinen pechschwarzen Rachen weit aufgesperrt. Aber er kann das hilflos scheinende Jesuskind nicht verschlingen. Denn es ist der Herr über Leben und Tod. Die Orthodoxen feiern die Auferstehung Jesu als das größte christliche Fest des Jahres.

## Joseph, lieber Joseph mein, hilf mir wiegen mein Kindelein

Joseph, lieber Joseph mein,
hilf mir wiegen mein Kindelein,
Gott, der wird dein Lohner sein
im Himmelreich, der Jungfrau Sohn Maria.
Eia! Eia!

Gerne, liebe Maria mein,
helf ich dir wiegen das Kindelein.
Gott, der wird mein Lohner sein
im Himmelreich, der Jungfrau Sohn Maria.
Eia! Eia!

Freu dich nun, o Christenschar,
der himmlische König klar
nahm die Menschheit offenbar,
den uns gebar die reine Magd Maria.
Eia! Eia!

Süßer Jesu, auserkor'n,
weißt wohl, dass wir war'n verlor'n,
still uns deines Vaters Zorn,
dich hat gebor'n die reine Magd Maria.
Eia! Eia![23]

Wie das Lied »Auf dem Berge, da wehet der Wind« hat sich auch dieses Lied von einem Krippenspiel, und zwar von einem Dialog zwischen Maria und ihrem Beschützer Josef, zu einem geistlichen Volkslied verselbstständigt. Seinen Ursprung hatte es im 14. Jahrhundert. Aber anders als in dem Lied »Auf dem Berge« aus dem 19. Jahrhundert ist Josef in diesem Lied zum »Kindlwiegen« bereit. Maria verspricht ihm dafür einen Lohn im Himmel.

Gesungen in der Liturgie hatten im Mittelalter die Priester, der Kantor und der Kirchenchor. Gemeindelieder kannte man kaum. Professor Martin Luther entdeckte bei der Vorbereitung seiner Psalmen-Vorlesung, dass nicht nur Chöre, sondern auch die versammelte Gemeinde gesungen hat. Er dichtete und komponierte daraufhin Gemeindelieder und ermutigte andere, dasselbe zu tun. Das Wiegenlied »Josef, lieber Josef mein« aus dem 14. Jahrhundert wurde schon früh bei einem Krippenspiel von den in der Kirche Versammelten gesungen.

In der dritten Strophe greift der unbekannte Dichter den theologisch schwerwiegenden Gedanken des sogenannten präexistenten Christus auf. Im Gespräch mit strenggläubigen Juden im Tempel soll Jesus ganz offen heraus und klar gesagt haben: »Wahrlich, ich sage euch. Ehe Abraham wurde, bin ich.« Das empfanden sie als eine unerträgliche Gotteslästerung: »Da hoben sie Steine auf, um auf ihn zu werfen. Aber Jesus verbarg sich und ging zum Tempel hinaus« (Johannes 8,58-59). Oder in seinem Abschiedsgebet betete Jesus: »Vater, verherrliche du mich bei dir mit der Herrlichkeit, die ich bei dir hatte, ehe die Welt war« (Johannes 17,5). –

Volkslieder wurden in der Aufklärung zur Erziehung benutzt. Was die Menschen auch im Mittelalter vorgeführt bekamen und was sie selber bei einfachen Worten mitsingen konnten, prägte sich ihnen ein, zumal wenn es das Gemüt ansprach. In ihren oft sehr schweren Lebenslagen empfanden sie, Maria hatte es auch schwer, eine Leidensgefährtin.

# Ihr Kinderlein, kommet, o kommet doch all, zur Krippe her kommet, in Bethlehems Stall

Ihr Kinderlein, kommet, o kommet doch all,
zur Krippe her kommet, in Bethlehems Stall,
und seht, was in dieser hochheiligen Nacht
der Vater im Himmel für Freude uns macht.

O seht in der Krippe im nächtlichen Stall,
seht hier bei des Lichtleins hellglänzendem Strahl
in reinlichen Windeln das himmlische Kind,
viel schöner und holder, als Engel es sind.

Da liegt es, das Kindlein, auf Heu und auf Stroh,
Maria und Josef betrachten es froh,
die redlichen Hirten knien betend davor,
hoch oben schwebt jubelnd der Engelein Chor.

O beugt wie die Hirten anbetend die Knie,
erhebet die Hände und danket wie sie;
stimmt freudig, ihr Kinder, – wer wollt sich nicht freun?
stimmt freudig zum Jubel der Engel mit ein.

O betet: Du liebes, du göttliches Kind,
was leidest du alles für unsere Sünd!
Ach hier in der Krippe schon Armut und Not,
am Kreuze dort gar noch den bitteren Tod.

So nimm unsre Herzen zum Opfer denn hin;
wir geben sie gerne mit fröhlichen Sinn.
Ach mache sie heilig und selig wie deins,
und mach sie auf ewig mit deinem nur eins.[24]

Dem Dichter dieses Liedes, Pfarrer Christoph von Schmid, haben die Stadtväter und -mütter seiner Geburtsstadt – das fränkische Dinkelsbühl – ein Denkmal gesetzt. Sie wollten ihm ein ehrendes Angedenken bewahren. Es zeigt ihn, wie er einer Kinderschar, die angestrengt lauscht, Geschichten erzählt. Von Schmid, 1768–1854, war der erfolgreichste Kinder- und Jugendschriftsteller seiner Zeit. Schon in seiner Jugend zeigte sich sein pädagogisches und erzählerisches Geschick. Später avancierte er zum geachteten Domkapitular von Augsburg.

Auch in dem Lied »Ihr Kinderlein kommet« sehe ich ihn, wie er eine Schar Kinder auf dem Platz sammelt und zum Dom hereinholt. Er will ihnen die aufgestellte Krippenlandschaft zeigen und sie ihnen erklären. Es muss ja nicht die Original-Futterkrippe in den verzweigten Höhlen unter der Geburtskirche in Bethlehem sein. Wer nicht das Geld, die Gesundheit und die Kräfte hat, dorthin zu reisen, auch für den ist Jesus ein Menschenkind geworden.

Ich vergesse nicht, wie ich unter dem Wahlspruch »Aufschwung Ost« in dem deutsch-polnischen Guben mit dem Superintendenten zu den früher hoch geheimen Rückzugs- und Regierungsanlagen fuhr. Wir passierten drei einstmals strengstens bewachte Sperren und hielten vor einem Haus vor dem Eingang zu der unterirdischen Anlage. Das Haus gehörte jetzt dem Diakonischen Werk. Es diente als Asylantenheim. Mit uns kam ein Asylanten-Bus aus Polen an. Dem Bus entstiegen lauter junge kräftige Männer, die nun in ihrer Heimat fehlten.

Der Superintendent hatte große Teppichrollen mitgebracht, die er mit seiner Frau in einer Jugendgruppe bemalt und mit leichtem buntem Stoff bekleidet hatte. Eine riesige Kinderschar hockte schon auf dem Fußboden, die Mütter standen dahinter. Der Superintendent war der amtierende Pfarrer von Guben und Umgebung. Er führte den Kindern die Weihnachtsgeschichte vor: Maria und Josef auf der Wanderschaft und bei der Herbergssuche in Betlehem. Das Kind in der Krippe, die Hirten auf dem Felde, schließlich bei dem Kind, auch die drei Magier – Könige aus dem Morgenland – erst bei Herodes, dann in Bethlehem. Die Kinder verstanden kein Wort. Auch waren sie Muslime. Aber voller Spannung beobachteten sie alles mit großen Augen. »Ihr Kinderlein kommet« kannten sie natürlich auch nicht. Wir sangen es für sie.

Bei einem Dienst in Eisenhüttenstadt hatte ich eine ABM-(Arbeits-Beschaffungs-Maßnahme-)Frau zu vertreten. Ich sollte für sie mit einer nichtkirchlichen Seniorengruppe Weihnachten feiern. Viele waren Kommunisten. Sie wünschten zu meinem Erstaunen das Kinderlied »Ihr Kinderlein, kommet«. Sie sangen es und andere Lieder begeistert auswendig. Ich wollte ihnen die Wahl der Lieder überlassen. Sie wünschten sich »So nimm denn meine Hände« und andere geistliche Volkslieder. Wie lange mochten diese Lieder in ihnen geschlummert haben! Vielleicht, weil das Langzeitgedächtnis bei Älterwerdenden besser arbeitet als das Kurzzeitgedächtnis, erinnerten sie sich an ihre Schul- oder Kindergottesdienstzeit. Das Eis war jedenfalls gebrochen. Ich hätte vielleicht noch mehr losbrechen können. Aber ich war ja nur eine Vertretung.

Bei diesem nichtkirchlichen Seniorentreff in Eisenhüttenstadt hatte ich die Lieder von den Anwesenden aussuchen lassen. Mit meinen Vorschlägen zu einer Weihnachtsfeier wollte ich nicht anecken. Aber sie suchten genau die Lieder aus, die auch ich vorschlagen wollte, obwohl sie jahrelang keine Kirche von innen gesehen hatten. Aber jetzt lebte Vergangenes in ihnen auf. Viele sangen die vorgeschlagenen Lieder auswendig. »Bei diesen Liedern tanzt das Herz mit«, meinte eine Frau. »Bei dem, was wir jahrelang singen mussten, wünschten wir uns woanders hin.«

# Fröhlich soll mein Herze springen dieser Zeit, da vor Freud alle Engel singen

1. Fröhlich soll mein Herze springen
dieser Zeit, da vor Freud
alle Engel singen.
Hört, hört, wie mit vollen Chören
alle Luft laute ruft:
Christus ist geboren!

2. Heute geht aus seiner Kammer
Gottes Held, der die Welt
reißt aus allem Jammer.
Gott wird Mensch dir, Mensch, zugute,
Gottes Kind, das verbind't
sich mit unserm Blute.

3. Sollt uns Gott nun können hassen,
der uns gibt, was er liebt
über alle Maßen?
Gott gibt, unserm Leid zu wehren,
seinen Sohn aus dem Thron
seiner Macht und Ehren.

4. Nun er liegt in seiner Krippen,
ruft zu sich mich und dich,
spricht mit süßen Lippen:

»Lasset fahrn, o liebe Brüder,
was euch quält; was euch fehlt,
ich bring alles wieder.«

5. Ei, so kommt und lasst uns laufen,
stellt euch ein, Groß und Klein,
eilt mit großem Haufen!
Liebt den, der vor Liebe brennet;
schaut den Stern, der euch gern
Licht und Labsal gönnet.[25]

Bei dem tänzerischen Lied »Fröhlich soll mein Herze springen« können wir die Ergriffenheit des Dichters Paul Gerhardt nachempfinden. Die langen Zeilen mit den beiden eingeschobenen Kurzzeilen geben dem Lied einen Rhythmus zum Tanzen. Es heißt, Paul Gerhardt habe den Rhythmus extra für dieses Lied zusammengestellt. Dabei war sein persönliches Erleben nicht gerade zum Singen, Springen und Tanzen. Aber die Frohbotschaft, die er an Weihnachten verkündete, bereitete allen über Leid, Not und Trauer hinweg Freude.

Die Genialität Paul Gerhardts beweist sich auch darin, dass viele seiner nur 137 Lieder und Gelegenheitsgedichte noch heute gebraucht werden. Sie sprechen viele an. Er bezeugte seinen persönlichen Glauben, zu dem er oft durch Glaubenskämpfe neu finden musste. Wiederholt konnte er seinen Glauben in den kirchlichen einbinden.

Im zweiten Teil der dritten Strophe tröstet er die, die im Dreißigjährigen Krieg unter Ungerechtigkeit und Gewalt zu leiden hatten. Ihnen sprach er Gottes Liebe zu. Viele Heerführer waren endlich nur noch auf Beute und auf ihre persönlichen Vorteile aus. Vor diesem Unrecht war niemand geschützt. Aber Jesus hatte alle Unrecht Leidenden zu sich gerufen: »Kommt her zu mir, alle, die ihr mühselig und beladen seid! Ich will euch erquicken« (Matthäus 11,28)! So versteht man auch die fünfte Strophe Gerhardts als eine Einladung, die er im Auftrag des guten Hirten ausspricht: »Lasset fahrn, o liebe Brüder, was euch quält; was euch fehlt, ich bring alles wieder.«

Auch dieses Lied endet wie viele seiner Lieder im Himmel: »Mit dir will ich endlich schweben voller Freud ohne Zeit dort im andern Leben.« Das spricht viele bei seinen Liedern an: er fand nach Glaubensanfechtungen wieder Halt. – Das Lied wurde 1653 mit einer Melodie von Johann Crüger veröffentlicht. Zu vermuten ist, dass Gerhardt es gegen Ende des schrecklichen Krieges geschrieben hat. Je größer das Leid wurde, desto fester hatte er sich an Gott gebunden, desto stärker hatte sich sein Glaube allem Leid zum Trotz gefestigt.

Dieses Lied erschien in der 8. Auflage Johann Crügers »Praxis pietatis melica«. 45 Auflagen erlebte sein Liederbuch. Gerhardts Lied hatte sich weit herumsprechen können. Trotzdem hat die Zeitepoche der Aufklärung dieses und andere seiner Lieder zurückgedrängt. Den Rationalisten waren sie zu persönlich und zu gefühlsbetont.

# Kommt und lasst uns Christus ehren, Herz und Sinnen zu ihm kehren

1. Kommt und lasst uns Christum ehren,
Herz und Sinnen zu ihm kehren;
singet fröhlich, lasst euch hören,
wertes Volk der Christenheit!

2. Sünd und Hölle mag sich grämen,
Tod und Teufel mag sich schämen;
wir, die unser Heil annehmen,
werfen allen Kummer hin.

3. Sehet, was hat Gott gegeben:
seinen Sohn zum ewgen Leben.
Dieser kann und will uns heben
aus dem Leid ins Himmels Freud.

4. Seine Seel ist uns gewogen,
Lieb und Gunst hat ihn gezogen,
uns, die Satan hat betrogen,
zu besuchen aus der Höh.

5. Jakobs Stern ist aufgegangen,
stillt das sehnliche Verlangen,
bricht den Kopf der alten Schlangen
und zerstört der Höllen Reich.

6. O du hochgesegnete Stunde,
da wir das von Herzensgrunde
glauben und mit unserm Munde
danken dir, o Jesulein!

7. Schönstes Kindlein in dem Stalle,
sei uns freundlich, bring uns alle
dahin, da mit süßem Schalle
dich der Engel Heer erhöht.[26]

Paul Gerhardt schrieb sieben Weihnachtslieder. Dieses hat er 1666, 18 Jahre nach dem Frieden von Münster, verfasst. Aller Kummer sollte hingeworfen werden (zweite Strophe). Die Menschen lebten wieder in Frieden. In Ruhe sollten sie sich auf das Wesentliche von Weihnachten besinnen: Gott gab uns seinen Sohn zum ewgen Leben (dritte Strophe). Seiner Liebe Gunst hatte ihn dazu bewogen (vierte Strophe). In der letzten Strophe wendet sich Gerhardt mit allen, die dieses Lied mit ihm singen, dem Heilbringer zu. Gott wurde uns zum Segen und zur Freude ein Menschenbruder. Er will uns dahin bringen, wo wir himmlische Chöre hören (siebte Strophe).

Wir haben es hier mit einem Quempas-Lied zu tun. Diese Lieder gibt es seit dem 16. Jahrhundert. 1598 wurde auch »Kommt und lasst uns Christus ehren« ein Quempaslied. Zum Auftakt einer Christmette konnte ein Kinder- oder Jugendchor diese Aufgabe übernehmen. Er verteilte sich an vier Stellen in der Kirche. Die vier Gruppen sangen abwechselnd eine Zeile. Das hörte sich so an, als antworte ein Viertel des

Chores einem anderen Viertel. Man konnte meinen, wie von den vier Enden der Erde her erklang abwechselnd ein Lobpreis Gott zur Ehre. So wurde ursprünglich das Lied *Quem pastores laudavere* (Den die Hirten lobeten sehre) gesungen. Die jeweils erste Silbe der beiden ersten Worte gaben dem Brauch den Namen Quempas. –

Einst hatten Missionare die Frohbotschaft von Europa aus in alle Teile der Erde getragen. Sie hatten keine Opfer und Mühen gescheut. Heute könnte Europa Sendboten Gottes vertragen. Sie bringen Spirituals, Gospel, Tänze. Auch Filme, Trommelkonzerte könnten Vorboten sein. Ob sich damit Gemeinden mit Wortverkündigung und Sakramenten aufbauen lassen, bleibt abzuwarten. Ein Umbruch in den Lebensäußerungen von Kirche und Gemeinden ist möglich. Hauptsache, Christus bleibt Fundament und »Eckstein« (Matthäus 21,42).

Kommt und lasst uns Christus ehren,
Herz und Sinnen zu ihm kehren;
singet fröhlich, lasst euch hören,
wertes Volk der Christenheit.

# Lobt Gott, ihr Christen alle gleich, in seinem höchsten Thron, der heut schließt auf sein Himmelreich und schenkt uns seinen Sohn

1. Lobt Gott, ihr Christen alle gleich,
   in seinem höchsten Thron,
   der heut schließt auf sein Himmelreich
   |: und schenkt uns seinen Sohn. :|

2. Er kommt aus seines Vaters Schoß
   und wird ein Kindlein klein,
   er liegt dort elend, nackt und bloß
   |: in einem Krippelein. :|

3. Er äußert sich all seiner G'walt,
   wird niedrig und gering
   und nimmt an eines Knechts Gestalt,
   |: der Schöpfer aller Ding. :|

4. Er wechselt mit uns wunderlich:
   Fleisch und Blut nimmt er an
   und gibt uns in seins Vaters Reich
   |: die klare Gottheit dran. :|

5. Er wird ein Knecht und ich ein Herr;
   das mag ein Wechsel sein!
   Wie könnt es doch sein freundlicher,
   |: das herze Jesulein! :|

6. Heut schließt er wieder auf die Tür
zum schönen Paradeis;
der Cherub steht nicht mehr dafür.
|: Gott sei Lob, Ehr und Preis! :|[27]

Es gibt Christen, die sich im Kontakt mit anderen Christgläubigen schwertun. Sie lehnen den heidnischen Ursprung der christlichen Feste ab. Sie sehen die verweltlichenden Auswüchse und Ökonomisierung der Feste als eine Folge dieses Ursprungs. Für andere sind sie Kalenderfeste, mehr nicht. Sie treten aus der Kirche aus und lassen ihre Kinder ungetauft. Wird es dadurch den verbleibenden Christen in den Konfessionen leichter, an Festtagen wie Weihnachten, Ostern, Pfingsten Gott »in seinem höchsten Thron alle gleich zu loben«?

Zerstrittene Geschwister einer Familie finden zueinander, sobald sie sich gemeinsam bedroht fühlen. Im Dritten Reich gab es Gemeinden, die gerade in der Bedrohung über Konfessionsgrenzen hinweg zusammenrückten. Es gab andere, die gegensätzlich dachten und das auch sagten, aber gemeinsam zum Abendmahl gingen. Sie nahmen ihre Zugehörigkeit zu Christus wichtiger als ihr Parteibuch oder ihre Vereinsfahne. Die Gottes- und die Nächstenliebe und das Vaterunser, das »Gebet, das die Welt umspannt« (Helmut Thielicke), gehören zum geringsten gemeinsamen Nenner, der die unterschiedlichsten Christgläubigen verbindet.

Nikolaus Herman, ein überzeugter und engagierter Schulmeister, dichtete das Lied »Lobt Gott, ihr Christen, alle gleich«. Er lebte im tschechischen St. Joachimstal nahe der deutschen Grenze. Er war als Grenzgänger ein vorbildlicher Brückenbauer. Wie Paul Gerhardt seine Lieder nur für Familien- und Hausandachten schreiben wollte, so hatte auch er sein Loblied als eines von 175 Liedern unter dem Titel »Gesänge nur für Kinder und Hauslieder« veröffentlicht. Sie sollten in den Kinderherzen Glauben und freudige Nächstenliebe wecken.

Für den berufenen Pädagogen war die Einheit im Glauben und in der Liebe eine Erziehungsaufgabe. Mit großer Selbstverständlichkeit dachte er so. Damit Erzieher und Eltern seinem Beispiel folgen konnten, schrieb er das Buch »Sonntagsevangelia über das ganze Jahr in Gesänge verfasst für die Kinder und christlichen Hausväter«. Sie sollten die Sonntagsevangelien durch die Lieder und durch ihr Singen besser verstehen und lernen.

Wie kunstfertig Herman Schwerverständliches vereinfachte, zeigt die dritte Strophe. Sie nimmt den Gedanken aus dem urgemeindlichen Christuslied (Philipper 2,6-7) auf: »Er, der in göttlicher Gestalt war, hielt es nicht für einen Raub, Gott gleich zu sein, sondern entäußerte sich selbst und nahm Knechtsgestalt an, ward den Menschen gleich und der Erscheinung nach als Mensch erkannt.« Herman macht daraus: »Er äußert sich all seiner G'walt, wird niedrig und gering und nimmt an eines Knechts Gestalt, der Schöpfer aller Ding.«

Die Weihnachtsgeschichte hatte Nikolaus Herman seinen Kindern vor dem Hintergrund der Vertreibung der ersten Menschen aus dem Paradies nahegebracht. Es sind leicht verständliche Worte. Die Wende durch Christus von einem irdischen zum himmlischen Paradies formulierte er in der vierten Strophe so: »Heut schließt er wieder auf die Tür zum schönen Paradeis; der Cherub steht nicht mehr dafür. Gott sei Lob, Ehre und Preis!«

Dass Gott schon in unserem irdischen Leben Türen öffnete, die für immer verschlossen schienen, hatte Herman bei seinem Sohn Christoph erlebt: In dem Silberbergwerk, von dem die Bevölkerung St. Joachimstals lebte, hatte er Bergmann gelernt. Er verdiente gut. Aber eines Tages war er wie der sogenannte verlorene Sohn in dem Jesus-Gleichnis ohne Gruß und Erklärung weggegangen. Der Vater spielte als Lehrer vom Ort zwar jeden Sonntag die Orgel. Aber er trauerte so sehr um ihn, dass er kein Lied mehr dichten konnte.

Christoph kam zur Einsicht und bereute, den Vater verlassen zu haben. Er wanderte zurück. Spät am Heiligabend kam er zu Hause an. Der Vater spielte gerade die Orgel zur Christmette. Erst am nächsten Morgen wollte Christoph zum Vater. Er ging in das Bergwerk. Er kannte sich ja aus. Er fand einen nicht mehr begangenen Schacht und legte sich zum Schlafen. Da fiel die Eisentür ins Schloss. Von innen konnte er sie nicht öffnen. –

Nach der Christmette verließ der alte Steiger mit dem Organisten Herman die Kirche. »Mir war so, als sei in den Abendstunden dein Sohn Christoph über den Platz zum Bergwerk gegangen.« Herman stutzte erschrocken. Beide Männer gingen ins Bergwerk, durchsuchten die Schächte. Zum Schluss standen sie vor der Türe zu dem nicht mehr begangenen Schacht. Der alte Steiger öffnete sie. Da fielen sich Vater und Sohn in die Arme.

Es heißt – und so könnte es gewesen sein –, am darauf folgenden Weihnachtstag schrieb Nikolaus Herman das Lied »Lobt Gott, ihr Christen, alle gleich«:

Heut schließt er wieder auf die Tür zum schönen Paradeis; der Cherub steht nicht mehr dafür. Gott sei Lob Ehr und Preis!

## Allein Gott in der Höh sei Ehr und Dank für seine Gnade, darum dass nun und nimmermehr uns rühren kann kein Schade

1. Allein Gott in der Höh sei Ehr
und Dank für seine Gnade,
darum dass nun und nimmermehr
uns rühren kann kein Schade.
Ein Wohlgefalln Gott an uns hat;
nun ist groß Fried ohn Unterlass,
all Fehd hat nun ein Ende.

2. Wir loben, preisn, anbeten dich;
für deine Ehr wir danken,
dass du, Gott Vater, ewiglich
regierst ohn alles Wanken.
Ganz ungemessn ist deine Macht,
allzeit geschieht, was du bedacht.
Wohl uns solch eines Herren!

3. O Jesu Christ, Sohn eingeborn
des allerhöchsten Vaters,
Versöhner derer, die verlorn,
du Stiller unsers Haders,
Lamm Gottes, heilger Herr und Gott:
nimm an die Bitt aus unsrer Not,
erbarm dich unser aller.

4. O Heilger Geist, du höchstes Gut,
du allerheilsamst' Tröster:
vor Teufels G'walt fortan behüt,
die Jesus Christ erlöset
durch große Mart'r und bittern Tod;
abwend all unsern Jamm'r und Not!
Darauf wir uns verlassen.[28]

In welcher Sprache die Heerscharen von Engeln den Hirten das »Gloria in excelsis Deo« gesungen haben, ist eine allzu menschliche Frage. Mich berührt sie nicht. Das Gloria muss ohnehin in jede Sprache übersetzt werden. – Wie könnte man erklären, dass nach der Ausgießung des Heiligen Geistes die Menschen aus aller Herren Länder, die zum Fest des Schawuot (Pfingsten) nach Jerusalem gereist waren, Jesu Jünger und den nichtstudierten Petrus in seiner missionarischen Ansprache verstanden (Apostelgeschichte 2,6)? In ein und derselben Sprache reden Menschen oft aneinander vorbei, geraten in Streit und Krieg. Je näher, will sagen: in größerer Unmittelbarkeit zu Gott kann man auf Diskussionen verzichten. Sprachbarrieren fallen und Freundschaften entstehen, wo Menschen gemeinsam sich mit Gott in Liebe vereinen.

»Allein Gott in der Höh sei Ehr« ist ein ureigenes Weihnachtslied. Was auch immer die rauen Hirten davon verstanden haben, werden sie Maria und Josef vorgesungen und erzählt haben. Dass ausgerechnet diesen Verachteten – in Indien hätte man sie zu den »Unberührbaren« gezählt – als Ersten die Frohbotschaft verkündet wurde, machte sie überglücklich. Zurück zu den Schafen werden sie den Hymnus gebrüllt haben.

An den Worten des Engelgesangs war nichts Anstößiges. Darum werden die im Schlaf gestörten Bethlehemiten, was auch immer sie davon verstanden hatten, versucht haben, dem Lied auf den Grund zu gehen. Es gab noch keine Christengemeinde, die das hätte übernehmen können. Als die Urchristengemeinde entstand, wird man verstärkt nachgeforscht haben. Die Jünger und die übrigen ersten Christen werden sich um das Original des Liedes bemüht haben. Vielleicht war es vorübergehend sogar in Vergessenheit geraten. Das Wiedergefundene wurde in den Gottesdienst aufgenommen. –

Liturgiegeschichtlich gehört das Lied zu den ersten Bausteinen des Gottesdienstes. Den Beweis seiner frühen Existenz liefert ein Brief an Kaiser Trajan, der von 98 bis 117 regierte und kein Christenfreund war. Protestiert haben die Engel mit diesem Lied bestimmt nicht gegen den selbstherrlichen Gott-Kaiser. Las der Kaiser aus diesem Text eine Gehorsamsverweigerung gegen ihn, dann konnte es nur so verstanden werden, dass Christgläubige meinten, in einem extremen Zweifelsfall Gott mehr gehorchen zu müssen als einem Menschen.

Kaiser Augustus (30 v.–14 n. Chr.) wurde durch die Verehrung als der Sohn eines der Götter mit einer Menschenfrau in seinem Selbstbewusstsein gestärkt. In Pergamon, »wo der Thron des Satans steht« (Offenbarung 2,13), hatte man auch ihm schon ein Jahr nach seiner Thronbesteigung einen Tempel gebaut. Aber wie hätte er sich vor einer Vergöttlichung, einer Apotheose, schützen können? Der Titel »Augustus« (Erhabener) wurde ihm im Jahr 27 v. Chr. sowohl vom Senat als auch vom Volk verliehen. Kaiser Domitian (81–96) übertrieb den Kaiserkult. Er veröffentlichte jedes Gesetz als von dem *Dominus ac Deus noster* (Herr und unser Gott). –

Warum hatte Nikolaus Decius (1490–1529), der Dichter des liturgischen Kirchenliedes »Allein Gott in der Höh sei Ehr«, in seiner Nachdichtung des *Gloria in excelsis Deo* das Wort »allein« hinzugefügt? Möglicherweise mit Rücksicht auf das erste der Zehn Gebote. Wer das beherzigt, bemüht sich ganz von selbst auch um die anderen.

Mit der dritten Strophe bezog sich Decius auf einen anderen Teil der Liturgie: »Christe, du Lamm Gottes, der du trägst die Sünd der Welt, erbarm dich unser« *(Agnus Dei, qui tollis peccata mundi, misere nobis)*. Das für die Sünden der Menschen geopferte Lamm Gottes war ein Symbol für Christus. Ihm gilt auch in der Offenbarung die Anbetung.

## Kommet, ihr Hirten, ihr Männer und Fraun, kommet, das liebliche Kindlein zu schaun

1. Kommet, ihr Hirten, ihr Männer und Fraun,
kommet, das liebliche Kindlein zu schaun,
Christus, der Herr, ist heute geboren,
den Gott zum Heiland euch hat erkoren.
Fürchtet euch nicht!

2. Lasset uns sehen in Betlehems Stall,
was uns verheißen der himmlische Schall;
was wir dort finden, lasset uns künden,
lasset uns preisen in frommen Weisen.
Halleluja!

3. Wahrlich, die Engel verkündigen heut
Betlehems Hirtenvolk gar große Freud:
Nun soll es werden Friede auf Erden,
den Menschen allen ein Wohlgefallen.
Ehre sei Gott![29]

Zu diesem Lied kann man freudig tanzen. Das werden Kinder, als Engel und Hirten verkleidet, um eine im Altarraum aufgestellte Krippe, in der eine Puppe als Christkindl lag, getan haben. Überliefert wird, dass das Lied auch in Krippenspielen verwandt wurde: In der ersten Strophe sang der Engelsbote zu den Hirten: »Kommet, ihr Hirten, ihr Männer und Fraun …« In der Bibel: »Siehe, ich verkündige euch große Freude, die allem Volk widerfahren wird; denn euch ist heute der Heiland geboren, welcher ist Christus, der Herr in der Stadt Davids. Und das habt zum Zeichen: Ihr werdet finden das Kind in Windeln gewickelt und in einer Krippe liegen« (Lukas 2,10-11).

In der zweiten Strophe ermutigten sich die Hirten gegenseitig und sangen einander zu: »Lasset uns sehen in Betlehems Stall, was uns verheißen der himmlische Schall ...« In der dritten Strophe werden die Hirten, auf dem Weg zurück, selber zu Herolden der Frohen Botschaft von der Geburt des Heilandes: »... Nun soll es werden Frieden auf Erden ...«

Der Text dieses Liedes fand sich in einem Buch mit altdeutschen Liedern aus Böhmen. Carl Riedel entdeckte die Liedersammlung in einem Archiv. Er hat dieses, auch andere Lieder aus Böhmen, überarbeitet. Er gab sie 1870 unter dem Titel »Repertoire-Stücke des Riedel'schen Vereins« heraus. Vorher war dieses Lied als ein volkstümliches bekannt. Doch durch Riedels gehobenen Stil bekam es ein breiteres Publikum als in seiner volkstümlichen Fassung.[30] –

Carl Riedel wurde bedeutend in der Musikgeschichte. Gelernt hatte er in Krefeld als Seidenfärber. Neben seiner Lehre hatte er Musik-Lehrgänge besucht. Seine musikalische Begabung fiel auf. Er durfte am Konservatorium in Leipzig studieren. 1854 gründete er den Riedel'schen Verein, einen Chor, der bis auf 250 Mitglieder anwuchs. Schon bald erhielt er eine Professur in Musik. Aus den Heinrich Schütz-Passionen stellte er die Chöre zusammen und führte sie auf. Dadurch leitete er die Schütz-Renaissance ein. Bald wurde er der Dirigent des Leipziger Gewandhausorchesters und der Herzoglich-Sächsischen Kapelle. Ihm wurde der Doktor honoris causa verliehen. Der »Allgemeine Deutsche Musikverein« wählte ihn zum Präsidenten.

# Gelobet seist du, Jesu Christ, dass du Mensch geboren bist

1. Gelobet seist du, Jesu Christ,
dass du Mensch geboren bist
von einer Jungfrau, das ist wahr;
des freuet sich der Engel Schar.
Kyrieleis.

2. Des ewgen Vaters einig Kind
jetzt man in der Krippen find't;
in unser armes Fleisch und Blut
verkleidet sich das ewig Gut.
Kyrieleis.

3. Den aller Welt Kreis nie beschloss,
der liegt in Marien Schoß;
er ist ein Kindlein worden klein,
der alle Ding erhält allein.
Kyrieleis.

4. Das ewig Licht geht da herein,
gibt der Welt ein´ neuen Schein;
es leucht' wohl mitten in der Nacht
und uns des Lichtes Kinder macht.
Kyrieleis.

5. Der Sohn des Vaters, Gott von Art,
ein Gast in der Welt hier ward

und führt uns aus dem Jammertal,
macht uns zu Erben in seim Saal.
Kyrieleis.

6. Er ist auf Erden kommen arm,
dass er unser sich erbarm
und in dem Himmel mache reich
und seinen lieben Engeln gleich.
Kyrieleis.

7. Das hat er alles uns getan,
sein groß Lieb zu zeigen an.
Des freu sich alle Christenheit
und dank ihm des in Ewigkeit.
Kyrieleis.[31]

Martin Luther, Professor an der Universität Wittenberg, musste sich für eine Vorlesung über die Psalmen, das Liederbuch der alttestamentlichen Gemeinde, vorbereiten. 1523 sollte sie gehalten werden. Da entdeckte er die Aufforderung an die gesamte im Tempel versammelte Gemeinde: »Singet dem Herrn ein neues Lied« (Psalm 96,1), »Singet Gott, lobsinget seinem Namen!« (Psalm 68,5), »So wollen wir singen und loben deinen Namen« (Psalm 21,14), »Du lässest mich fröhlich singen von deinen Werken« (Psalm 92,5), »Ich will dem Herrn singen mein Leben lang« (Psalm 104,33).

Im ganzen Mittelalter sangen die Priester, Chöre oder eine Schola der Kinder. Das Weihnachtslied »Gelobet seist du, Jesus Christ« war schon bekannt, aber auf Lateinisch. Der Mönch Notker von dem Kloster in St. Gallen hatte es um 900 verfasst oder möglicherweise sogar Papst Gregor der Große. Es war sehr beliebt. Denn die versammelten Gemeinden antworteten auf die Segnung dieses Liedes jedes Mal in einem Wechselgesang mit »Gelobet seist du, Jesu Christ«.

Diese von der Gemeinde im Responsorium gesungene Zeile setzte Luther an den Anfang. Er fügte noch weitere Strophen hinzu. »Gelobet seist du, Jesu Christ, dass du Mensch geboren bist« wurde sein erstes Lied zum Christfest. Insgesamt dichtete er 42 Kirchenlieder. Für einige schrieb er auch die Melodien, die noch heute gesungen werden. Luther war musikalisch. Er spielte sowohl die Laute als auch die Querflöte. Seine 95 Thesen, die er an das Portal der Schlosskirche geschlagen hatte, wurden in ganz Deutschland verteilt, ohne dass er dafür gesorgt hätte. Seine Gemeindelieder und die seiner Kollegen und Freunde verbreiteten sich noch schneller.

Es ist das Verdienst Luthers, nicht als Reformator, sondern als Hirte und Seelsorger, dass er den Gesang der Gemeindemitglieder unterstützte. Sicher gab es schon vorher geistliche Volkslieder, die man zum Beispiel als Wiegenlieder an der Weihnachtskrippe sang oder mit denen als Hirten und Engel verkleidete Jugendliche um die Krippe tanzten. Luthers Verdienst war, dass einige der geistlichen Volkslieder überarbeitet zu Kirchenliedern wurden.

In seinem ersten Weihnachts-Kirchenlied, einer Ergänzung der bereits lateinisch existierenden ersten Strophe, fügte Luther jeder Strophe ein »Kyrieleis«, »Herr, erbarme dich«, hinzu. Mit diesem Kehrreim, der sonst in der Liturgie verwandt wurde, drückte er seine Verehrung gegenüber dem Allmächtigen in dem hilflosen und von Menschen abhängigen Kind aus.

# 3. VOLKSTÜMLICHE WEIHNACHTSLIEDER

## O Tannenbaum, o Tannenbaum, wie treu sind deine Blätter

1. O Tannenbaum, o Tannenbaum,
   wie treu sind deine Blätter.
   Du grünst nicht nur zur Sommerzeit,
   nein auch im Winter, wenn es schneit
   O Tannenbaum, o Tannenbaum,
   wie treu sind deine Blätter!

2. O Tannenbaum, o Tannenbaum,
   du kannst mir sehr gefallen!
   Wie oft hat nicht zur Weihnachtszeit
   ein Baum von dir mich hoch erfreut!
   O Tannenbaum, o Tannenbaum,
   du kannst mir sehr gefallen!

3. O Tannenbaum, o Tannenbaum,
   dein Kleid will mich was lehren!
   Die Hoffnung und Beständigkeit
   gibt Trost und Kraft zu jeder Zeit!
   O Tannenbaum, o Tannenbaum,
   dein Kleid will mich was lehren.[32]

Als Kind habe ich »wie grün sind deine Blätter« gesungen, obwohl er ja keine Blätter, sondern Nadeln hat. Heute überlege ich, ob der Wunsch dahinterstand, in der kalten, kargen Jahreszeit etwas Grünes, etwas Lebendiges im Raum zu haben. Älteren Menschen, genauso Kindern wird die Zeit oft zu lang, bis wieder die Veilchen und andere Blumen blühen.

Weil wir in unserer Gemeinde seit Jahrzehnten mit Bewohnern in einem Altenpflegeheim zu tun haben, konnten wir beobachten, bei nebligem, kaltem, »miesem« Wetter suchten einige einen Grund, um mit Menschen in der Rezeption, in der Verwaltung oder mit dem Heimleiter in Kontakt zu kommen, auch wenn es nur um eine Briefmarke ging.

In einigen Gegenden wurden zur Wintersonnenwende immergrüne Zweige in Vasen aufgestellt. Dahinter stand der Wunsch nach Wärme und Licht in der kalten und dunklen Jahreszeit. Nicht zu leugnen ist, dass bei Naturvölkern der Glaube dahinterstand, man könne das Böse vertreiben und den Sommer herbeiholen. Von daher kann vielleicht bei einigen die Abneigung entstehen, mit einem Tannenbaum zu feiern, das sei heidnisch.

Eine Tanne aufzustellen, kam zuerst im Schwarzwald und im Elsass auf. Während Katholische eine Weihnachtskrippe bevorzugten, schmückten Evangelische eine Tanne als Lebensbaum mit Äpfeln, vergoldeten Nüssen und Naschwerk. Am Abend des 6. Januars, am Dreikönigstag, wurde der Baum geräubert. Mit den Auswanderungswellen im 18. und 19. Jahrhundert verbreitete sich dieser Brauch auch in Amerika. Die Zurückkehrenden und Seeleute brachten diese Sitte, angereichert mit einigen »Extras«, wieder in ihr Heimatland.

Es heißt, in den Freiheitskriegen gegen Napoleon 1813/14 wurde der Tannenbaum zum Symbol der Deutschen. Er verband sie über Konfessionsgrenzen hinweg. Er symbolisierte die Unabhängigkeit von der Bevormundung durch Napoleon, die Freiheit. Wachskerzen waren zu teuer, um damit den Baum daheim zu illuminieren. Sobald die Stearinkerzen aufkamen, erleuchteten sie den Christbaum auch in den Familien und in den Kirchen.

Gefeiert wurde Christus ist »das Licht der Welt« (Johannes 8,12). »Er (Johannes der Täufer) war nicht das Licht, sondern er sollte zeugen von dem Licht« (Johannes 1,8). Die erste Strophe gehörte ursprünglich zu einem Liebeslied. Der Lehrer und Kantor aus Leipzig Ernst Anschütz ergänzte die zweite und dritte Strophe. Man darf annehmen, er füllte die beiden Worte »Hoffnung und Beständigkeit« mit christlichem Inhalt. Anschütz stammte aus einem Pfarrhaus. Gott schenkte der Christenheit mit der Menschwerdung Jesu hoffnungsfrohe Ausblicke.

# Alle Jahre wieder kommt das Christuskind auf die Erde nieder, wo wir Menschen sind

1. Alle Jahre wieder kommt das Christuskind
   auf die Erde nieder, wo wir Menschen sind;

2. kehrt mit seinem Segen ein in jedes Haus,
   geht auf allen Wegen mit uns ein und aus;

3. ist auch mir zur Seite still und unerkannt,
   dass es treu mich leite an der lieben Hand.[33]

Pfarrer Wilhelm Hey (1789–1854) ist der Autor dieses Liedes. Er war bekannt durch Kinder- und Jugendschriften. Ein Mann, der sich durch seine Kinderliebe einen Namen gemacht hatte! Auch die Lieder »Weißt du, wie viel Sternlein stehen« und »Vöglein im hohen Baum« sind von ihm. Er konnte sich in Kinder, gerade in die Kleinen unter ihnen, hineindenken und -fühlen.

Ein Beispiel und Vorbild für ihn könnte Johann Sebastian Bach gewesen sein. Er hatte auf engem Raum sehr viele Kinder. Aber das beeinträchtigte seine Werke keineswegs. »Lasset die Kinder und wehret ihnen nicht, zu mir zu kommen; denn solchen gehört das Himmelreich« (Matthäus 19,14) belehrte Jesus seine Jünger. Kinder werden in diesem Augenblick um ihn herum gespielt haben.

Klug und einfühlsam reagierte Pfarrer Hey damals. Zu Beginn des 19. Jahrhunderts verlagerten sich die großen Kirchenfeste immer mehr aus den Gottesdiensten in die Bürgerstuben. Das Ungeschickteste wäre gewesen, die Gottesdienstbesucher an Weihnachten und Ostern dafür auszuschimpfen. Ungeschickter hätte man nicht aus den Kirchenfenstern hinaus predigen können. Pfarrer Hey wird die zunehmende Verweltlichung auch nicht willkommen gewesen sein. Aber in seiner Liebe zu den Kindern, ihren Eltern und Großeltern brachte er die Einladung zu Gott mittels dieses Liedes 1837 in die Familienfeiern.

Dass er mit dem »Christkind« das »Christuskind« meinte, war eindeutig. Denn eine Märchenfigur oder eine Fantasiegestalt hat keinen Segen und kann nicht auf allen Wegen mit uns ein- und ausgehen (zweite Strophe). Jesus leistet uns Beistand, geht uns zur Seite. Er bleibt uns treu. Pfarrer Hey formulierte die Menschwerdung Gottes: »... das Christkind kommt auf die Erde nieder, wo wir Menschen sind« (erste Strophe). Pädagogisch klug und für Kinder passend vergegenwärtigt er die Gottesnähe.

Friedrich Silcher (1789–1869) lebte fast zur selben Zeit wie Hey. Er hat für viele Lieder eine volksliedhafte, leicht eingängige Melodie geschrieben. Mit seiner Melodie für dieses Lied überschritt er zusammen mit Pfarrer Hey die Grenze vom Kirchen- zum Volkslied. Auch er war kinderlieb und wollte Weihnachten christus- und kindernah erhalten. –

Zum Schluss noch ein Lob auf die Schweden: Ich hatte in Bad Gastein eine Christmette zu halten und kannte mich in der Kirche nicht aus. Darum war ich eine halbe Stunde vorher dort. Das Pfarrhaus schloss ich auf. Es war leer. Von dort sollte ich in die Kirche gehen. Aber ich fand keinen Lichtschalter. Ich tastete mich einen langen Gang entlang in die Kirche. Dort fand ich nur einen Schalter für ein Notlicht und erschrak.

Die Kirche war im Dunkeln schon halb besetzt. Ich begrüßte die Kirchgänger und hieß sie willkommen. Ich erzählte, was ich von diesem Gotteshaus wusste. Keine Reaktion. Meine Fragen blieben unbeantwortet. Sie sangen in der Christmette nicht mit. Beim Verabschieden der Gemeinde sagte mir einer nach dem anderen »Tack!« – »Tack!« – »Tack!«, zuletzt die Reiseleiterin: »Wir sind aus Schweden. Dort gehen wir auf jeden Fall an Weihnachten in die Kirche. Wir sind mit zwei Bussen vom Hotel zur Kirche gekommen.«

## Süßer die Glocken nie klingen als zu der Weihnachtszeit

1. Süßer die Glocken nie klingen
als zu der Weihnachtszeit,
's ist, als ob Engelein singen
wieder von Frieden und Freud'. |
|: Wie sie gesungen in seliger Nacht, :|
Glocken, mit heiligem Klang,
klinget die Erde entlang!

2. O, wenn die Glocken erklingen,
schnell sie das Christkindlein hört:
Tut sich vom Himmel dann schwingen
eilet hernieder zur Erd'.
|: Segnet den Vater, die Mutter, das Kind, :|
Glocken mit heiligem Klang,
Klinget die Erde entlang!

3. Klinget mit lieblichem Schalle
über die Meere noch weit,
dass sich erfreuen doch alle
seliger Weihnachtszeit.
|: Alle aufjauchzen mit einem Gesang :|
Glocken mit heiligem Klang,
Klinget die Erde entlang![34]

Wie der Muezzin vom Minarett der Moschee die Muslime zum Gebet ruft, so rief die Glocke vom Kirchturm beim Mittagsgeläut die Katholiken zum Gebet »Der Engel des Herrn«, die Evangelischen zu einem Vaterunser. Die Bauern wussten, jetzt wird der Ochse, das Pferd oder bei armen Bauern die Kuh ausgespannt. Es ging heimwärts. Mensch und Tier wurden in der Mittagspause gestärkt. – Die Kirchengemeinden hatten eine Läuteordnung. Wurde jemand am nächsten Tag beerdigt, wurde am Tag zuvor mit der »Totenglocke gekleppt«, sagten Einheimische.

Eine halbe oder Viertelstunde vor Gottesdienstbeginn verkündeten die Glocken vom Kirchturm: »Es ist Zeit, macht euch bereit zum Kirchgang, kommt nicht zu spät!« Kurz vor Gottesdienstbeginn luden die Glocken nochmals zu Gottes Wort und Sakrament ein. Als es noch keine Sirenen auf dem Land gab, läuteten die Glocken, wenn es irgendwo brannte. Mancherorts wurden die Glocken ebenfalls geläutet, sobald ein Gewitter im Gang war. Zu Taufen, Trauungen und Beerdigungen läuteten sie. Unter Glockengeläut wurden Verstorbene beigesetzt.

In früheren Zeiten wurde in vielen Gegenden am Nikolaustag beschert. In den Niederlanden wurde dieser Brauch noch lange beibehalten. Das Lied aber stammt aus einer Zeit und einer Gegend des 19. Jahrhunderts, in denen am ersten Weihnachtstag morgens beschert wurde. Da klangen die Kirchenglocken besonders süß für die Kinder.

Auch mit diesem Lied ging ein Pfarrer, der zugleich Pädagoge war, den der Kirche Entfremdeten einladend nach. Friedrich Wilhelm Kritzinger (1816–1890) leitete 38 Jahre die Königlichen Erziehungs- und Bildungsanstalten in Droyßig, Sachsen-Anhalt. Jeden Morgen hielt der Theologe eine Andacht für seine Schulgemeinde. Ob der Samen seiner Verkündigung bei den Jugendlichen aufging, wusste er nicht. Aber Boten Gottes arbeiten nicht mit der Aussicht auf Erfolg oder weil sie belohnt werden. Sie gehen ihrer Berufung nach und geben von ihrem Glauben. Er wartete nicht auf einen, der zu seinen Worten eine Melodie schrieb. Er benutzte die Noten des Volksliedes aus Thüringen »Seht, wie die Sonne dort sinket« aus dem Jahre 1808.

## »Fröhliche Weihnacht überall« tönet durch die Lüfte froher Schall

»Fröhliche Weihnacht überall!«
tönet durch die Lüfte froher Schall.
Weihnachtston, Weihnachtsbaum,
Weihnachtsduft in jedem Raum!
»Fröhliche Weihnacht überall!«
tönet durch die Lüfte froher Schall.

Darum alle
stimmet in den Jubelton,
denn es kommt das Licht der Welt
von des Vaters Thron.
»Fröhliche Weihnacht überall!« …

2. Licht auf dunklem Wege,
   unser Licht bist du;
   denn du führst, die dir vertrau'n,
   ein zu sel'ger Ruh'.
   »Fröhliche Weihnacht überall!« …

3. Was wir ander'n taten,
   sei getan für dich,
   dass bekennen jeder muss,
   Christkind kam für mich.
   »Fröhliche Weihnacht überall!« …[35]

Die Melodie fand sich 1885 in einem Liederbuch. Von August Heinrich Hoffmann von Fallersleben stammt der Text. Mit »fröhliche Weihnacht« hatte er keine feucht-fröhliche gemeint. Er selbst hatte ein schweres Leben. 1842 wurde ihm wegen seiner zwei Bände »Unpolitische Lieder«, die aber politisch satirisch waren, und wegen seiner liberalen Haltung die Professur für Deutsche Philologie an der Universität Breslau entzogen. Ein Jahr später wurde er des Landes verwiesen. Er kehrte erst 1848 zur unblutigen Deutschen Revolution zurück.

Sein unermüdlicher Einsatz für Freiheit und Demokratie brachte ihm viel Kummer. Wiederholt wurde er ausgewiesen. Aber er blieb ein Wissenschaftler, ein Poet, ein Geschichts- und Sprachforscher, ein Kinderfreund. Er machte sich einen Namen als Dichter von zu Herzen gehenden Kinderliedern. Das Lied »Fröhliche Weihnacht« ist ein Beispiel.

Weihnachten »überall«, damit meinte Hoffmann von Fallersleben erst recht die Hütten der Unrecht Leidenden und Unterdrückten, auch in Australien, wo die Kerzen bei Hochsommerhitze schmelzen. Trotzdem wollten die auf den Wiesen in den Parks von Sidney und Melbourne Lagernden die alten Weisen von Fried und Freud hören. Sie lauschten über Lautsprecher den Chören, Orchestern und Solisten und sangen mit.

In England, woher die Melodie des Liedes kommt, geht es fröhlicher, in Deutschland besinnlicher und gemütvoller zu. In Kanada habe ich Christmas-Dinner erlebt, wie ich mir Weihnachten in Deutschland nicht vorstellen konnte. Jeder fasste an einem Ende eines Knallbonbons. Auf den gemeinsamen Ruf »Merry Christmas« riss jeder an seinen Enden. Es gab einen lauten Knall, und heraus kamen lustige Papierhüte, laute Flöten, Luftschlangen, Trillerpfeifen, Spielzeug-Papierschlangen. Aus Tradition durften Truthahn und Plumpudding nicht fehlen. Zu meiner Überraschung und für mich in Erinnerung an die schlechten Zeiten nach dem Krieg gab es Steckrübengemüse, anscheinend eine Delikatesse.

»Licht auf dunklen Wegen, unser Licht bist du« (zweite Strophe) ist ein klares Bekenntnis in diesem Lied. Jeder muss bekennen: »Christkind kam für mich« (dritte Strophe). Gemeint ist nach den vorhergehenden Worten nicht ein Geschenke-Christkindchen, sondern Christus. – Einige landen leider an Weihnachten wegen Überfütterung in der Notaufnahme eines Krankenhauses. Das passt nicht zu der Weihe, die diesem christlichen Fest immer noch anhaftet. Lieber wollen wir froh sein: »… was wir and're n (Gutes) taten, taten wir für dich« (dritte Strophe).

## Still, still, still, weil's Kindlein schlafen will

1. Still, still, still, weil's Kindlein schlafen will.
   Die Englein tun schön jubilieren,
   bei dem Kripplein musizieren.
   Still, still, still, weil's Kindlein schlafen will.

2. Groß, groß, groß, die Lieb' ist übergroß.
   Gott hat den Himmelsthron verlassen
   und muss reisen auf der Straßen.
   Groß, groß, groß, die Lieb ist übergroß.

3. Wir, wir, wir, wir rufen all zu dir:
   Tu uns des Himmels Reich aufschließen,
   wenn wir einmal sterben müssen.
   Wir, wir, wir, wir rufen all zu dir.[36]

Dieses Lied kommt aus dem Salzburger Land. Ein alpenländisches Lied. Von Zitherspielerinnen begleitet würde es sich am besten anhören. Ich stelle mir dazu ein barockes Bild vor: Um eine Krippe mit dem Jesuskind, Maria und Josef stehen und schweben kleine pausbäckige Engel mit und ohne Instrumente. Man hört sie in wundervoller Harmonie singen und spielen. Das Jesuskindlein lächelt die Betrachtenden an. Maria und Josef schauen es an.

In der Zeit der Romantik wurden Märchen und Lieder aus dem Volk gesammelt. Johann Gottfried Herder hatte in den 1770er-Jahren dazu aufgerufen. Er hatte den Begriff »Volkslied« geprägt. Auch Goethe war dem Aufruf gefolgt.

Er hatte im Elsass gesammelt. Herder glaubte, diese Lieder seien Zeugnisse der Volkskunst, sie seien im Volk gewachsen. Als Merkmale nannte er: leicht verständlich, leicht zu lernen und zu behalten, häufig gesungen, lange Lebensdauer. Ludwig Erk, ein Volksschullehrer, später Professor in Berlin, hatte über 20 000 Lieder zusammengetragen. Seine Familie, die Schulkinder, Freunde, Nachbarn und Kollegen, später vor allem Studenten hatten ihm geholfen. Durch die Recherchen der Liedersammler aber konnte oft festgestellt werden, dass sehr viele Lieder von namhaften Dichtern und Komponisten stammen.

Zu dem Lied »Still, still, still, weil's Kindlein schlafen will« kann man sich ein Singspiel vorstellen. Mit der ersten Strophe führt der Spielleiter vor den Stall von Bethlehem. In der zweiten Strophe singt Maria für ihr Kind. Ihre Stimme ist ihm vertraut. Sie schenkt ihm mütterliche Liebe. Liebe wird er später »auf der Straße« der Welt den Liebesbedürftigen weitergeben: »Kommt her zu mir, alle, die ihr mühselig und beladen seid; ich will euch erquicken« (Matthäus 11,28). In der dritten Strophe bitten die Zuschauer des Singspiels um des Kindes Erbarmen. Sie wünschen sich Seligkeit im Himmelreich, wenn sie eines Tages aus diesem Leben scheiden werden.

Es ist ein gefühlvolles Lied. Besonders Kinder, Ältere, Behinderte, Minderbemittelte, überhaupt alle auf der Schattenseite des Lebens brauchen Zuwendung und Zuspruch. Sie sind zu schwach, um sich gegen menschliche Kälte und Lieblosigkeit zu wehren.

## Am Weihnachtsbaum die Lichter brennen

1. Am Weihnachtsbaum die Lichter brennen,
wie glänzt er festlich, lieb und mild,
als spräch er: Wollt in mir erkennen
getreuer Hoffnung stilles Bild.

2. Die Kinder stehn mit hellen Blicken,
das Auge lacht, es lacht das Herz;
o fröhlich', seliges Entzücken!
Die Alten schauen himmelwärts.

3. Zwei Engel sind hereingetreten,
kein Auge hat sie kommen sehn,
sie gehen zum Weihnachtsbaum und beten
und wenden wieder sich und gehn.

4. Gesegnet seid ihr alten Leute,
gesegnet sei du kleine Schar!
Wir bringen Gottes Segen heute
dem braunen, wie dem weißen Haar.

5. Kein Ohr hat ihren Spruch vernommen,
unsichtbar jedes Menschen Blick,
sind sie gegangen, wie gekommen,
doch Gottes Segen bleibt zurück![37]

1824 war dem Weihnachtsbaum ein Lied gewidmet worden: »O Tannenbaum, o Tannenbaum, wie treu sind deine Blätter«. Siebzehn Jahre später erscheint ein weiteres Lied, das den Weihnachtsbaum zum Thema hat. Hermann Kletke lobte die Stimmung, die ein Weihnachtsbaum im Kerzenschein hervorruft. Von der Hoffnung, dem Trost und der Kraft, die ein Christbaum, beziehungsweise durch das, für was er steht, Menschen geben konnte, ist in dem Lied »Am Weihnachtsbaum die Lichter brennen« keine Rede mehr. Der Lyriker und Publizist Kletke wird weniger christlich orientiert gewesen sein.

Die Säkularisation war weiter fortgeschritten. Weihnachten war zu einem Geschenkefest geworden. Die christliche Tradition verlor allmählich an gesellschaftlicher Gepflogenheit. Sie wurde zunehmend von ernsthaft Gläubigen getragen. Es kam immer mehr auf die Kirchen und Gemeinden an, dass sie nicht nur formal das Altherkömmliche pflegten, sondern es mit Glaubensinhalt füllten und neu belebten. Keine weltliche Ersatzreligion sollte die entstandene Leere füllen.

Die industriell hergestellten Paraffinkerzen machten es möglich, dass sich auch weniger begüterte Familien und ärmere Kirchengemeinden ein stimmungsvolles Weihnachtsfest leisten konnten. Kletke unterstützte sie.

Beten nur noch die beiden Engel, die lautlos eingetreten sind? Wünschen nur noch sie Segen für die Jungen und die Alten? Kletke nannte sie Gottes Boten. Doch sie sind unsichtbar und lautlos. Sollte die Frohbotschaft verstummen, schwindet auch der Nachklang des einstmaligen kirchlichen Christfestes. Es bleibt aber die Sehnsucht nach Stimmung und geistlicher Substanz in »Fried und Freud«.

## Leise rieselt der Schnee

1. Leise rieselt der Schnee,
   still und starr ruht der See,
   weihnachtlich glänzet der Wald:
   Freue dich, Christkind kommt bald!

2. In den Herzen ist's warm,
   still schweigt Kummer und Harm,
   Sorge des Lebens verhallt:
   Freue dich, Christkind kommt bald!

3. Bald ist heilige Nacht;
   Chor der Engel erwacht;
   hört nur, wie lieblich es schallt:
   Freue dich, Christkind kommt bald![38]

Zu Beginn des 19. Jahrhunderts hatte Pfarrer Wilhelm Hey mit dem Lied »Alle Jahre wieder kommt das Christuskind auf die Erde nieder« versucht, wenn nicht bei Kirchen-, dann bei Familienfeiern einen Rest des Evangeliums zu retten. Dasselbe tat Pfarrer Eduard Ebel mit dem Lied »Leise rieselt der Schnee«. Er schrieb das Lied 1895.

Sein Lied erweckt den Eindruck, als sollte nicht nur das Evangelium, sondern auch die »heilige Nacht«, der »Chor der Engel« und das »Christkind« – gemeint ist eine Ableitung von »Christuskind« – die Frohbotschaft erhalten, als könnte die »Gute Nachricht« das Schneegestöber, die klirrende Kälte, auch Schneeregen und Hagel vertreiben. In der geweihten

Nacht rieselt der Schnee nur in leichten Flocken. Selbst das ist ein Geschenk des Himmels.

Die Frohbotschaft der geweihten Nacht trägt Pfarrer Ebel nicht wie eine Fahne vor sich her. Er zeigt Verständnis für die kirchlich, auch für die weihnachtlich Entfremdeten. Schonend und ein wenig versteckt in »Christkind«, »heilige Nacht«, »Chor der Engel«, »Kummer und Harm schweigen«, »Sorge des Lebens verhallt« verkündet er etwas, was er im Gotteshaus biblisch begründen würde. Wie der Fischer im Boot wirft er ein weites Netz aus.

»Sorge des Lebens« kann man nicht durch den »Ausnahmezustand Weihnachten«, an dem nicht geschossen, geschimpft und gedonnerkeilt werden darf, vertreiben. Da müssen schon stärkere und zuverlässigere Garanten des Heils her. Wenn Jesus sagt: »Sorgt nicht um euer Leben« (Matthäus 6,25, auch Verse 27 folgende und 31,34), dann ist das schon etwas anderes. »Alle eure Sorge werft auf ihn; denn er sorgt für euch« (1. Petrus 5,7). Dasselbe gilt für die Überwindung von »Kummer und Harm«. Das geschieht nicht auf Befehl oder mit einer billigen Tröstung.

Und Freude? – Kurzlebige Freude ist schnell verdampft. Aber gab es einen »Chor der Engel« in der Weihnacht, dann hat der »Ehre sei Gott in der Höhe und Friede auf Erden!« gesungen. Das war sowohl eine Verheißung an die Menschen aller Zeiten als auch eine Aufforderung an sie. Es ist naheliegend, daraus zu schlussfolgern: Ehren Menschen und Völker in ihren Einstellungen und Taten Gott, dann ist Friede auf Erden.

# Kling, Glöckchen, klingelingeling, kling, Glöckchen, kling

1. Kling, Glöckchen, klingelingeling,
kling, Glöckchen, kling!
Lasst mich ein, ihr Kinder,
ist so kalt der Winter,
öffnet mir die Türen,
lasst mich nicht erfrieren!
Kling, Glöckchen, klingelingeling,
kling, Glöckchen, kling!

2. Kling, Glöckchen, klingelingeling,
kling, Glöckchen, kling!
Mädchen, hört, und Bübchen,
macht mir auf das Stübchen,
bring' euch milde Gaben,
sollt euch dran erlaben.
Kling, Glöckchen, klingelingeling,
kling, Glöckchen, kling!

3. Kling, Glöckchen, klingelingeling,
kling, Glöckchen, kling!
Hell erglühn die Kerzen,
öffnet mir die Herzen!
Will drin wohnen fröhlich,
frommes Kind, wie selig!
Kling, Glöckchen, klingelingeling,
kling, Glöckchen, kling![39]

Bei dem Wort »Kling, Glöckchen, klingelingeling« erinnere ich mich, dass das Christkind mit einem Glöckchen im Weihnachtszimmer leise geläutet hatte. Danach öffnete Mutter die Türe. Ich durfte in das von elektrischen Lichtern am Weihnachtsbaum hell erleuchtete Zimmer treten. Mutter und ich sangen ein, zwei Weihnachtslieder. Ich schaute währenddessen schon auf die versteckten, noch verpackten Geschenke und den Teller Leckeres.

Das Lied »Kling, Glöckchen, klingelingeling« hat die Überschrift »Christkindchens Einlass«. Nicht uns, das Christkind sollte man also einlassen. Wir sollten es nicht in der Kälte draußen stehen lassen. Als Kind wusste ich nicht, wie ich das machen könnte. Die Weihnachtszimmertüre öffnete sich für mich. Ich musste noch viel lernen. Freude erlebte ich als Kind in der Weihnachtsfeier unseres Kindergottesdienstes. Da waren wir die Beschenkten.

Der Vater meiner Frau war mit seinen Geschwistern in einem Pfarrhaus in der Lüneburger Heide aufgewachsen. Deren Vater, ein Dorfpfarrer, kannte eine arme Familie, in der die Mutter gestorben war. Er bat seine Kinder, von ihren Geschenken einiges auszusuchen, was sie den armen Kindern schenken wollten. Mit einem kleinen Christbaum und einer großen Tüte Leckeres bescherten sie die Kinder, deren Mutter verstorben war.

Als wir selber eine Pfarrfamilie auf dem Lande waren und über die Familienverhältnisse in der weiten Streusiedlung orientiert waren, muss ich im Nachhinein meiner Frau danken, dass wir wegen meines gefüllten Terminkalenders zwei Tage vor dem Fest mit Alleinstehenden unser Familien-Weihnachten gefeiert haben. Ich konnte neben den Gottesdiensten –

es waren zum Glück viele – auch alleinstehende Kranke im Krankenhaus und Bewohner des Altenpflegeheims besuchen, die ans Bett gefesselt waren und zu denen niemand kam.

Die Bekanntschaften mit Menschen, die genauso vor und an den Tagen Einsame, Schwerkranke und Arme besuchten, möchte ich nicht missen. Beim Besuch im Krankenhaus traf ich die Witwe des Chefarztes, eine Röntgenärztin. Sie erklärte mir: »Die große Enkelschar sehe ich am zweiten Weihnachtstag. Dann geht es dort weniger turbulent zu. Heute diene ich im Krankenhaus. Wer an Weihnachten geröntgt werden muss, hat es nötig.«

Menschen in Not einen Weihnachtsgruß zu bringen, ist ein Engeldienst. Mit jedem, dem wir helfen, dienen wir Gott. Einmal vor Weihnachten konnte ich erst am Abend die Hochzeitsgesellschaft besuchen. Sie zeigten mir in einem Nebenraum einige unangerührte Torten und schenkten sie mir. Ich wusste, wen ich damit erfreuen konnte.

Und: »Vergesst die Gastfreundschaft nicht! Denn durch sie haben viele, ohne zu wissen, Engel beherbergt« (Hebräer 13,2). – »Siehe, ich stehe vor der Tür und klopfe an. Wenn jemand meine Stimme hören und die Tür auftun wird, zu dem werde ich hineingehen und das Abendmahl mit ihm halten und er mit mir« (Offenbarung 3,20). So bittet auch die dritte Strophe: »Öffnet mir die Herzen! Will drin wohnen fröhlich! Frommes Kind, wie selig!«

# Anmerkungen

1 Macht hoch die Tür; Text: Georg Weissel (1623); Melodie: Halle 1704.

2 O Heiland, reiß die Himmel auf; Text: Friedrich von Spee (1622); Str. 7 bei David Corner (1631); Melodie: Köln 1638, Augsburg 1666.

3 Wachet auf, ruft uns die Stimme; Text: Philipp Nicolai (1599); Melodie: Philipp Nicolai (1599) nach Hans Sachs (1513).

4 Die Nacht ist vorgedrungen; Text: Jochen Klepper (1903–1942); Melodie: Johannes Petzold © (Melodie) by Bärenreiter-Verlag, Kassel.

5 Es kommt ein Schiff, geladen; Text: Straßburg 15. Jh.; Daniel Sudermann (um 1626); Melodie: Köln 1608.

6 Tochter Zion, freue dich; Text: Friedrich Heinrich Ranke (um 1820); Melodie: Georg Friedrich Händel (1747).

7 Grielächer: Köllsche Karnevalsgesellschaft mit besonderem Humorverständnis (Anm. d. Verlags).

8 Maria durch ein Dornwald ging; Text und Melodie: bei August von Haxthausen (1850).

9 Es ist ein Ros entsprungen; Text: Trier 1587/88; Str. 3–4 bei Friedrich Layriz (1844); Melodie: 16. Jh.; Köln 1599.

10 Seht, die gute Zeit ist nah; Text und Melodie: Friedrich Walz (nach einem Weihnachtslied aus Mähren) © 1972 Erlanger Verlag für Mission und Ökumene.

11 Wir sagen euch an den lieben Advent; Text: Maria Ferschl; Melodie: Heinrich Rohr © Verlag Herder, Freiburg.

12 Stille Nacht; Text: Joseph Mohr (1816), bearbeitet von Johann Hinrich Wichern (1844); Melodie: Franz Xaver Gruber (1818), bearbeitet von Johann Hinrich Wichern (1844).

13 O du fröhliche; Text: Johannes Daniel Falk (1819; Str. 1); Heinrich Holzschuher (1829; Str. 2 und 3); Melodie: Sizilien vor 1788; bei Johann Gottfried Herder (1807).

14 In dulci jubilo; Text und Melodie: 15. Jh.

15 Nun singet und seid froh; Text: Hannover 1646 nach »In dulci jubilo« (15. Jh.); Melodie: 15. Jh.; Wittenberg 1529.

16 Vom Himmel hoch; Text und Melodie: Martin Luther (1535/1539).

17 Vom Himmel hoch, o Engel, kommt; Text: Friedrich Spee von Langenfeld (1623); Melodie: Paderborn 1616; Köln 1623.

18 Nun komm der Heiden Heiland; Text: Martin Luther (1524) nach dem Hymnus ›Veni redemptor gentium‹ (4. Jh.); Melodie: Einsiedeln 12. Jh.; Martin Luther (1524).

[19] Gott sei Dank durch alle Welt; Text: Heinrich Held (1658); Melodie: Einsiedeln 12. Jh.; Martin Luther (1524).

[20] Zu Bethlehem geboren; Text: Friedrich Spee (vor 1635); Melodie: Paris 1599; geistlich Köln 1638.

[21] Ich steh an deiner Krippen hier; Text: Paul Gerhardt (1653); Melodie: Johann Sebastian Bach (1736).

[22] Auf dem Berge, da wehet der Wind; Text und Melodie: überliefert.

[23] Josef, lieber Josef mein; Text und Melodie: überliefert.

[24] Ihr Kinderlein, kommet; Text: Christoph von Schmid (1798); Melodie: Johann Abraham Peter Schulz (1794).

[25] Fröhlich soll mein Herze springen; Text: Paul Gerhardt (1653); Melodie: Johann Crüger (1653).

[26] Kommt und lasst uns Christus ehren; Text: Paul Gerhardt (1666); Melodie: Hohenfurt um 1450; Prag 1541; bei Valentin Triller (1555).

[27] Lobt Gott, ihr Christen alle gleich; Text: Nikolaus Herman (1560); Melodie: Nikolaus Herman (1554).

[28] Allein Gott in der Höh sei Ehr; Text: Nikolaus Decius (1525) nach dem ›Gloria in excelsis Deo‹ (4. Jh.); Joachim Slüter (1525, Str. 4); Melodie: Nikolaus Decius (1539) nach dem ›Gloria‹ einer Ostermesse (10. Jh.).

[29] Kommet, ihr Hirten; Text: Karl Riedel (1870) nach einem böhmischen Weihnachtslied; Melodie: Olmütz 1847.

[30] Ingeborg Weber-Kellermann, Das Buch der Weihnachtslieder, 10. Auflage, Atlantis, Zürich 2003, Seiten 110–111.

[31] Gelobet seist du, Jesu Christ; Text: Medingen um 1380 (Str. 1); Martin Luther (1524, Str. 2–7); Melodie: Medingen um 1460; Wittenberg 1524.

[32] O Tannenbaum; Text: August Zarnack (1820/24, Str. 1); Ernst Anschütz (1820/24, Str. 2 und 3); Melodie: Volksweise.

[33] Alle Jahre wieder; Text: Wilhelm Hey (1837); Melodie: Friedrich Silcher (1842).

[34] Süßer die Glocken nie klingen; Text: Friedrich Wilhelm Kritzinger (1816–1890); Melodie: Volksweise aus Thüringen.

[35] Fröhliche Weihnacht überall; Text und Melodie: aus England (19. Jh.); dt. Text: Heinrich August Hoffmann von Fallersleben (vor 1874).

[36] Still, still, still, weil's Kindlein schlafen will; Text und Melodie: Volksweise aus Salzburg.

[37] Am Weihnachtsbaume die Lichter brennen; Text: Hermann Kletke (1841); Melodie: Thüringen um 1840.

[38] Leise rieselt der Schnee; Text und Melodie: Eduard Ebel (1895).

[39] Kling, Glöckchen, klingelingeling; Text: Karl Enslin (1854); Melodie: Volksweise.

## Liedtitel